X세대가 Z세대에게

초판 1쇄 인쇄 2017년 2월 15일
초판 1쇄 발행 2017년 2월 22일

지은이 이막

발행인 장상진
발행처 (주)경향비피
등록번호 제2012-000228호
등록일자 2012년 7월 2일

주소 서울시 영등포구 양평동 2가 37-1번지 동아프라임밸리 507-508호
전화 1644-5613 | **팩스** 02) 304-5613

ISBN 978-89-6952-158-3 03810

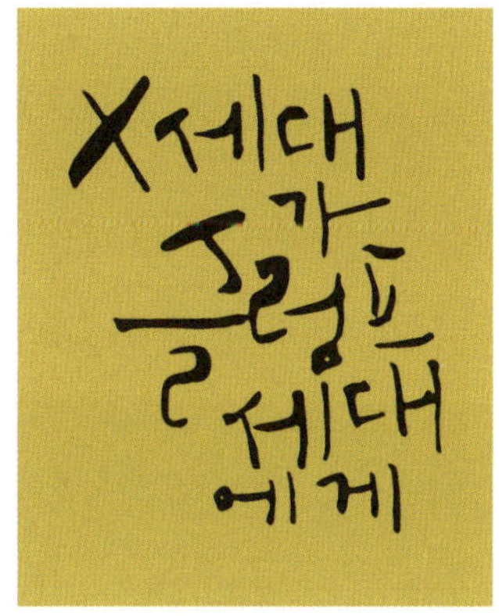

글 이막
그림 심재현 장수원

경향BP

긴 글보다 짧은 글을 선호하기에 단문을!

글보다 그림, 기호를 좋아하기에 일러스트, 삽화를!

조금 읽다가 바빠서 멈추는 습성에 순서 없음을!

새기는 말을 책상 앞에 붙여 놓기 좋아하기에 그럴 수 있음을!

타. 진. 한. 다.

읽고 듣고 생각하고 경험한 것들을

때론 솔직하게 때론 반성으로 때론 위로를 때론 뼈아프게

슬럼프 세대 generation slump

일본의 경제 발전을 이끈 부모 세대들과는 달리 풍요로운 환경에서 어린 시절을 보낸 세대로, 부모 세대가 엔지니어나 회사원을 선망했던 것과는 반대로 배우 · 운동선수 · 가수 · 코미디언 · 미용사 등을 선망 직종으로 삼는다.

이들에게는 엔지니어나 회사원으로 평생을 보내는 부모 세대가 고루하고 답답하게만 느껴진다. 따라서 수학이나 과학과 같이 분석과 연구를 요구하는 학문 역시 질색이다. 이들은 금빛과 오렌지색으로 머리를 물들이고, 직업 역시 일정하지 않아 마음이 내키지 않으면 금방 새로운 직업으로 바꿔버리는 특징을 가지고 있다.

이러한 현상은 일본 경제가 10년이라는 장기 불황을 겪으면서 더욱 심해졌는데, 장기 불황이 일본 젊은이들을 현실에 대한 환멸과 무관심, 의욕 저하로 몰아넣었다는 것이다. 이로 인해 조직이나 사회에 제대로 적응하지 못하고, 나이가 든 뒤에도 독립하지 못하고 계속 부모에게 의존하는가 하면, 우수한 젊은이들이 수학이나 과학 분야를 꺼림으로써 일본 경제를 지탱해 온 공업과 제조업 분야가 타격을 받을 것이라는 분석도 나오고 있다.

—출처 〈두산백과〉

1

성숙하지 못한 세상에서
성숙한 아이로 살아야 하는 청춘들에게 건배

2

‘선택을 했다’라는 의미는 ‘선택하지 않은 쪽’을 선택했다면 취하게 될 좋은 점을 포기하겠다는 것이다

3_

이기는 법을 배우기 전에, 졌을 때

敗

이겨내는 법을 먼저 배워야...

4

자기가 빛날 곳을 알고 자기의 그릇만 안다면…

5

어떤 일을 좋아한다는 것은
어렵고 힘들고 더러워서 못해먹겠고,
해도 해도 늘지도 않고,
남들 잘되는 꼴만 보게 되어도…
그래도 그래도 그래도 즐거운 것이다

성공했을 때 누리는 딴 사람의 영광만 보고
그 일을 좋아한다고 생각하는 건 아닌지
잘 생각해보아야 한다

6

"후회하십니까?"

"후회하지 않습니다"란 말만큼
청춘에게 강요되는 말은 없는 것 같다

사람은 누구나 후회를 한다
단지, 그 후회가 현재와 미래에
'계속 후회함으로써 생기는 부작용'으로 작용되어서는
안 된다는 것을 말하고자 할 뿐인 것이다

7

힘든 고민은
힘든 술자리만큼 몰려서 온다

머릿속에 서랍을 만들어라
고민의 수만큼 서랍을 만들고
한 개의 서랍을 열어 고민을 하다가
막히면 그 서랍은 닫고
다른 서랍을 열어 고민하라

안 그러면 머릿속 회로는
엉키거나 타버릴 것이다

과거가
복수하지
않게...

9

부자 중에서도
부자인 사람과 부자가 아닌
사람이 있다

지식인 중에서도
배운 사람과 배우지 못한
사람이 있다

어른 중에서도
어른인 사람과 어린이인
사람이 있다

법조인 중에서도
법을 지키는 사람과 법을 지키지 않는
사람이 있다

……

10 _

스물이면

인생을 살면서

알아야 할 모든

것을 다 들었다고

보면 된다

그것이

피부로 느껴지는

나이가 마흔일

뿐이다

11

자신감
자괴감
자만심
자기객관화

"4자"의 적요적소
채찍질이 필요하다

12

"변하지 않는 유일한 진리는
'모든 것은 변한다'뿐이다"
라고 말들 한다
맞는 말이다

지금 쓸모없어 보이는 당신이
10년 후에는 당신의 몰랐던 재능 덕분에
빛을 볼 날도 올 것이다
그때 너무 깜짝 놀라지나 말라

13

직장을 고를 때
첫 번째, 자기가 좋아하는 일이냐
두 번째, 자기가 인정받을 수 있는 일이냐
세 번째, 그 분야에 발전 가능성이 있느냐

그중에 가장 중요한 것은
'자기가 좋아하는 일이냐'이다

'자기가 좋아하는 일을 하는 사람이
세상에 얼마나 될까?'를 생각해보라

14

선생님은 '사람을 만드는 사람'이다

15. 변하면

죽을 수도 있다

그러나

변하지 않으면

반드시 죽는다

회사를 관두고 싶었다

윗사람 때문에

IMF때였고

그만두면

내가 하고자 하는 작업을

포기해야만 했던

2년 6개월

끔찍한

시간들

어느 날 단 한가지의 생각이

나를 편하게 했던 기억이 있다

"왜 저 사람이 내 인생을 좌지우지하게 놔두지?"

그 누구라도 당신 인생을 좌지우지하게 만들지 말라

17

"프로가 돼라"는 말을 후배에게 자주 쓴다
좋은 뜻으로 쓰는 말이 아니다
"네가 잘되면 회사가 잘되고
회사가 잘 안 돼도 너는 잘된다"라는
이 시대의 정글에서 살아남는 법을
자기정당화할 때 쓰는 말이다

18

나는 말을 잘 못한다
그런 나도 말을 잘 한다는
소리를 들을 때가 있다
왜냐면 난 이 말을 믿기 때문이다

'진실이 곧 웅변이다'

나에게 집이란
조직 내에서
흔들리고
노여워하고
다시 이겨내고
돌아와서 받는
훈장 같은 것

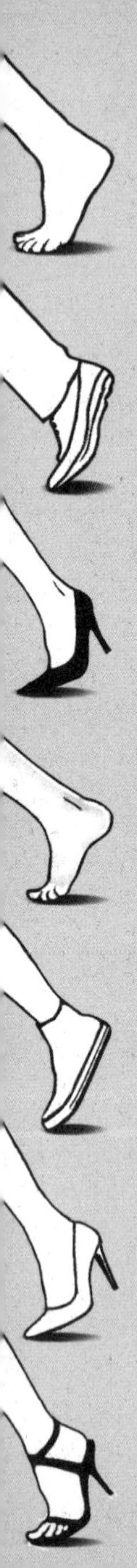

20

[내 곁을 떠난 여자
내 아래를 떠난 직장 후배
내 뒤를 떠난 친구에게
보란듯이]가 목표가 될 때도 있다
치졸하지만 처절하게-

21

절망 끝에 서는 것을 두려워 마라
너는 더 이상 절망하지 않게 됐다는 뜻이니까

22

가장 견디기 힘든 성공은 가까운 친구들의 성공이다

-알랭 드 보통, 〈불안〉 中

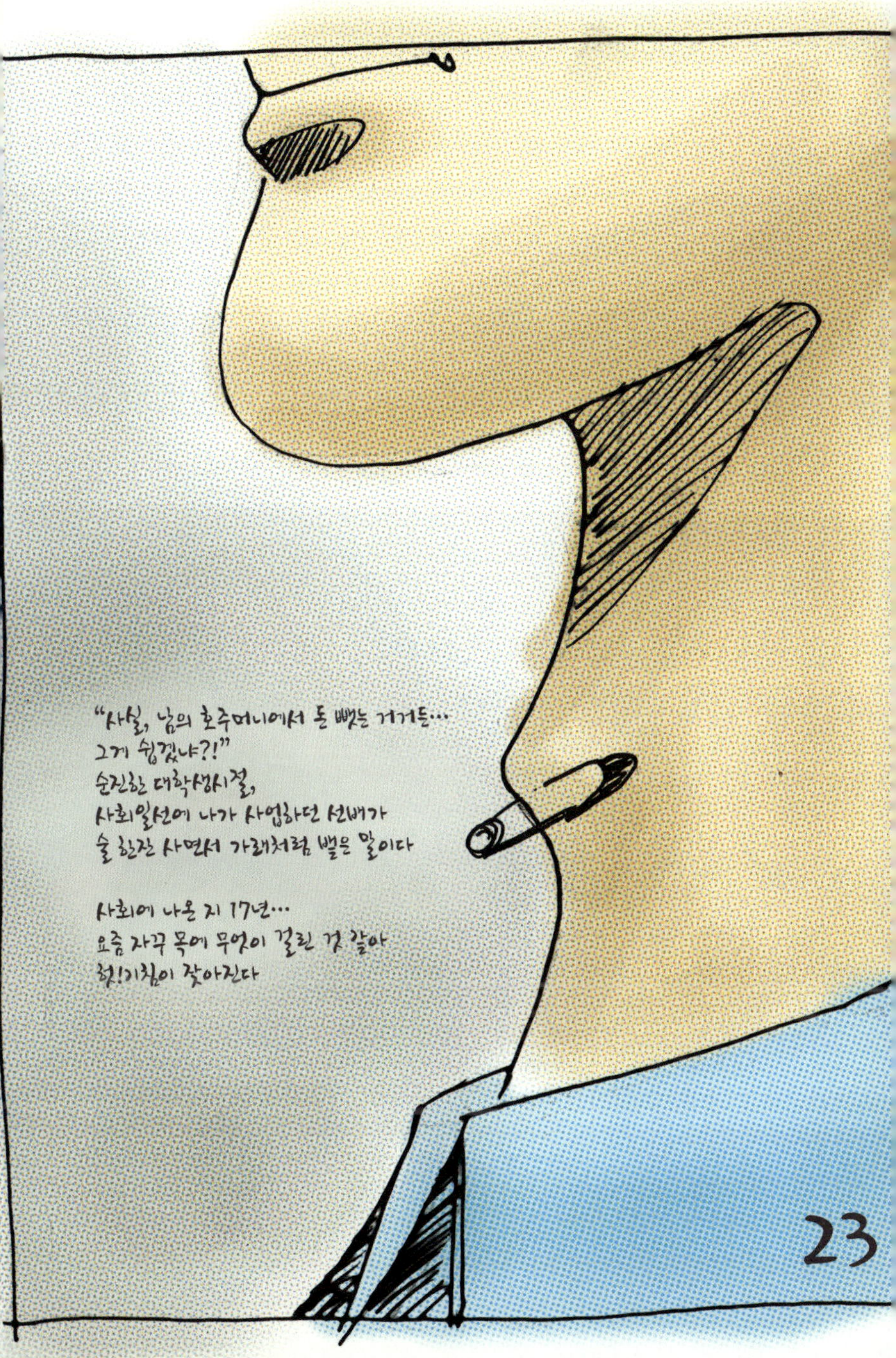
"사실, 남의 호주머니에서 돈 빼는 거거든…
그게 쉽겠냐?!"
순진한 대학생시절,
사회일선에 나가 사업하던 선배가
술 한잔 사면서 가래처럼 뱉은 말이다

사회에 나온 지 17년…
요즘 자꾸 목에 무엇이 걸린 것 같아
헛!기침이 잦아진다

24
벼락스타는 벼락처럼 죽을 수 있는 원인이 생긴 것이다

25

어른은 없다, 어른인 척할 뿐

아무 생각 없이
엘리베이터를 타다 보면 가끔
내가 가고자 하는 층이 아니라
남이 눌러 놓은 층에 내릴 때가 있다
그러면 잠시 내가 있는 곳이 어딘지
무엇을 하고 있었는지 멍하게 된다

인생을 살다 보면 이런 때가 있다
다들 그런다 속상해 할 필요 없다
조금 남보다 늦었을 뿐
다음 엘리베이터를 차분히 기다렸다
알맞은 층을 다시 누르고 집중하면 된다

인생은 가끔
엘리베이터에서 잘못 내린
층 같을 때가 있기 마련이다

27

삶이 그대를 속이면
그대도 삶을 속여라
그것도 멋지게
그것도 착하게

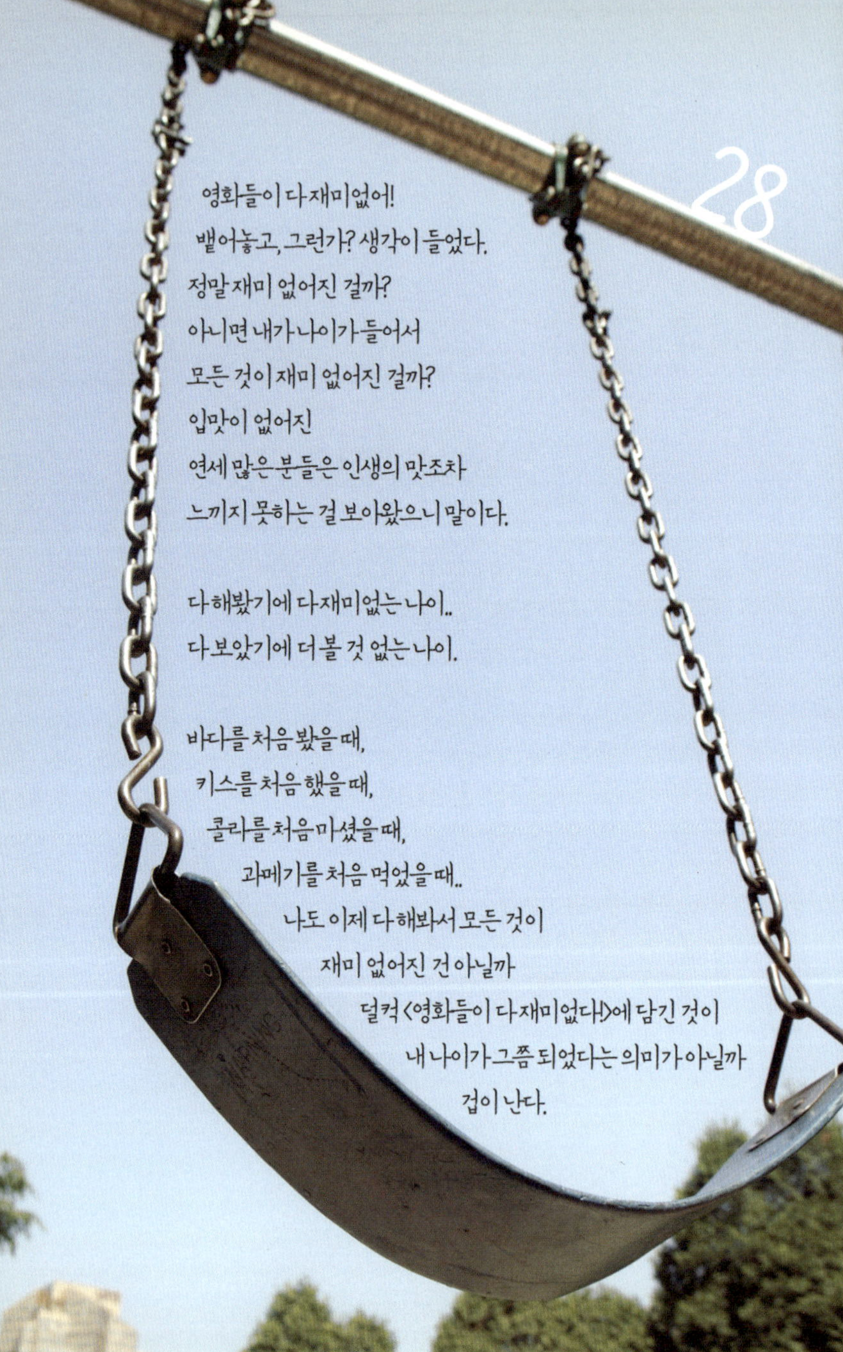

28

영화들이 다재미없어!
뱉어놓고, 그런가? 생각이 들었다.
정말 재미 없어진 걸까?
아니면 내가 나이가 들어서
모든 것이 재미 없어진 걸까?
입맛이 없어진
연세 많은 분들은 인생의 맛조차
느끼지 못하는 걸 보아왔으니 말이다.

다 해봤기에 다재미없는 나이..
다 보았기에 더 볼 것 없는 나이.

바다를 처음 봤을 때,
키스를 처음 했을 때,
콜라를 처음 마셨을 때,
과메기를 처음 먹었을 때..
나도 이제 다 해봐서 모든 것이
재미 없어진 건 아닐까
덜컥 〈영화들이 다 재미없다!〉에 담긴 것이
내 나이가 그쯤 되었다는 의미가 아닐까
겁이 난다.

고슴도치들은
고슴도치였던 사람만이
껴안는 법을 안다

30

여자들이 맛있다고 하는 스파게티 집에 가면
맛있는 스파게티를 발견하기 보단
다른 곳보다 멋진 인테리어를 발견할 수 있을 것이다

31

난 종교인이 아니다
하지만 언젠가부터
'감사하고 산다'는 의미를 알게 되었다
그 어떤 종교인보다 더

'있음'에 말이다

32

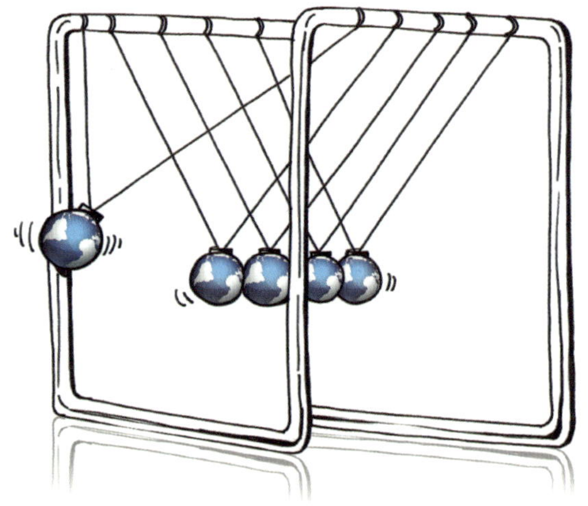

세상은 진자의 추처럼 움직인다
한쪽으로 끝도 없이 솟구쳤다가 지겨우면
다른 쪽으로 가는 속성이 있다
패션, 생활방식, 관념, 이데올로기, 무엇이든…
그 패턴주기만이
1년, 10년, 1000년 다를 뿐!

33

나는 떨리는 목소리였고
부끄러운 볼이었으며
달짝지근한 바람 맛을 알게 되었던…
부풀어 오르는 가슴을 누르는 것은
꿈을 누르는 것보다 어렵던…
그 쿵쾅거리던 날들…

당신들은 내가 없는 그 중심에 있다

34

한국은 외우는 재주가 뛰어난 사람이 창의력 뛰어난 사람을 지배하는 구조가 깨지지 않고 있다

누구나 자기가 사는 세계에 대한 눈을 뜨면 그는 즉시 아웃사이더가 된다 그리고 아웃사이더는
우선 자기를 '너무 깊이, 너무 많은 일을 통찰'하는 인간이라 믿는 데서 출발하여
'너무 깊이, 너무 많은 일을 통찰'하는 것이 불가능함을 깨달음으로써 끝난다 - 콜린윌슨<아웃사이더>中

성공한 사람 가로사대
"자신을 성공하게끔 했던
그 무기가 그 이상의 성공으로
가는 길의 발목을 잡더라"

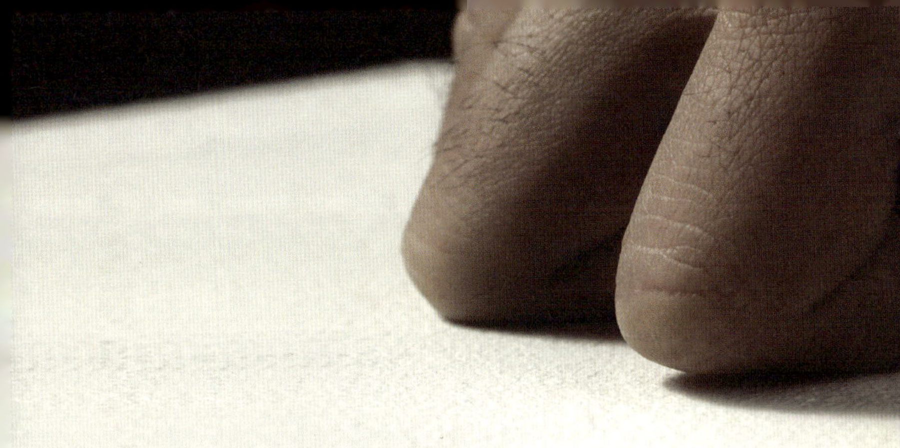

주먹으로 일어선 자는
주먹으로 망하기 전에,
쌍절곤을 배우고
칼 쓰는 법을 갈고 닦고,
검도를 익혀야 한다

38
분석능력
종합능력
조합능력
조율능력
토론능력
이것을 기르고 길러져야한다
이것을배우고가르쳐야한다

39

랍비를 선택할 경우도 있지만
랍비한테 선택받을 경우도 있다

어떤 때는 세상이 선택하는 대로
놔둬야 할 경우도 있다

40

알루미늄 컨셉이 사태나는 명함집,
어느 잡지에서 읽은
이 표현을 잊을 수 없다

언어는 가끔 뇌가 먹는 사탕처럼 달콤하다

냠냠냠

41

돈이 나를 지배하지 못하게
돈을 멀리 하거나 돈이 부족하지 않게 하거나
돈을 멀리하는 과정이나 돈을 버는 과정에서조차
돈에 지배당하지 않기를

42

어루만져주고
토닥거려주는 것마저
짜증나고 귀찮아지고 화나는 지점까지
도달한 이 시대의 청춘들

기성세대는 알까
기득권 세력은…

참을성의 임계점은
이미 넘어섰다

43 정도껏과 정도(正道) 그 사이에서 정성껏 살면 되는 것 아닐까

44

늙어감이란,
갑자기 눈을 떴는데
20년이 늙어 있는 게 아니다
1초 1초 늙어가기에
우리는 버틸 수 있는 것이다

회사에 주인의식을 갖지마라
의식이 생기면
주인과 자주 다투게 되고
결국 나가야 한다

〈시키는 일이나 잘해〉의
고상한 말이 〈주인의식을 갖고 일하라〉이다

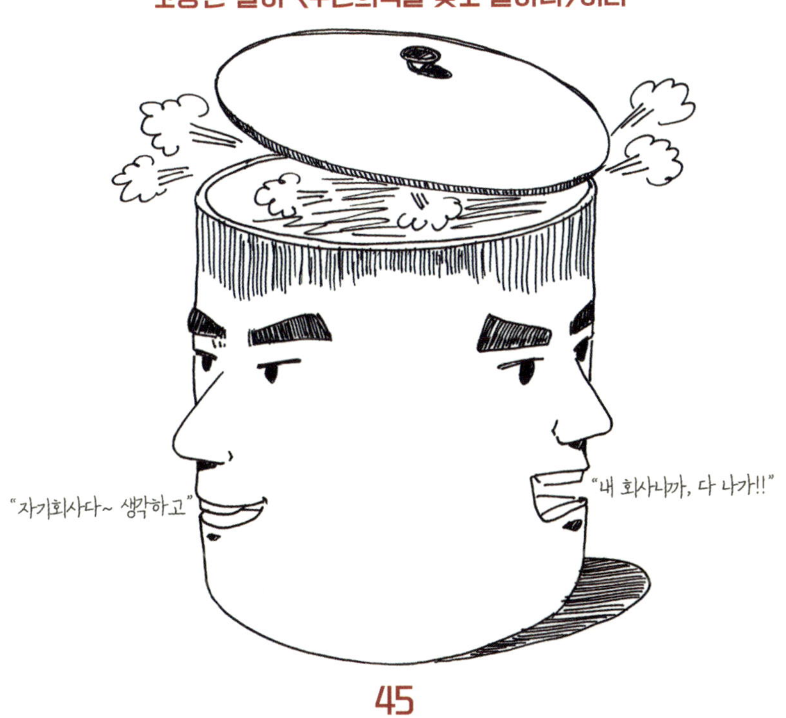

46
가스레인지로 달려요

사랑하는 사람을
라이터처럼 찾을 수 없으면
빙빙빙 돌아요
갔던 곳 빙빙빙
빙빙빙 방금 봤던 곳
끝내 찾을 수 없으면
가스레인지로 달려요
딸깍딸깍 하이힐 환청처럼
불꽃이 튀는
가스레인지로 달려요
그녀를 보자마자 튀었던
불꽃놀이 같은
가스레인지로 달려요
외로움이 새어나오면
커다란 뜨거움으로 폭발하는
가스레인지로 달려요
가스레인지로 달려요

47 | 힘을 가졌어도 그 힘을 쓰지 않는 것이 가장 큰 힘이다

力

48. 가을은 여름이 타고 남은 것…

49

조직 내에서 경쟁자가 없어졌거나 힘을 잃었을 경우
경쟁자가 반대했던 일을 제일 먼저 하게 되고,
그로 인해 실패하는 경우를 많이 본다
잘 생각해보라
경쟁자의 '반대를 위한 반대' 때문에
추진할 수 없게 됐다는 착각을 하고 있지는 않은지
그 반대 안에 다수의 암묵적 동의가 있지는 않았을까 하는…

50

가슴을 치면 머리는 따라온다

-록키 마르시아노

51

살면서 가슴을 찌르는 말은 많다
가장 아팠던 말은
“10년 했는데 안 되면 안 되는 거래…”였다

14년 되던 해에 해냈다

52

꽃

예뻐 보일 것이다
화려해 보일 것이다
앙증맞아 보일 것이다

그런데
우린
필사적인 것이다

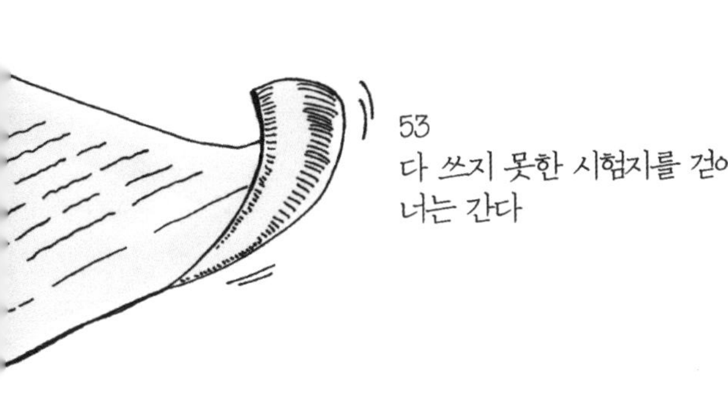

53
다 쓰지 못한 시험지를 걸어 가듯
너는 간다

54

사기는 사람들의 아직 순진한 부분을 공격한다
그래서 세상은 점점 순진성을 잃어가는 것이다

55

남자와 여자는
상대방이 자신에게
해주었으면 하는 것을
해줄 뿐이다

56

스스로를 치유하고
고치고자
노력했을 때
인생은 커진다
향유의 크기가 달라진다

57

진실을 찾는 자들은 믿되
찾았다고 주장하는 사람들은 의심하라
-〈덱스터〉 中

S F H S S H S J R U I N B V W D X
L O S D Q K N D C V E R Y N S W Q
P D W O J G E L D N E R J A Q H E
A B N M W B H G F V W C S Q J T Y
P M L W U B E R V A X C W T H Y D
J K M G T N F B H X S V D F B E R
I M E B F G H N E R T C D F G S Q
T V N R N E D F R W W S C H H J E
H E V B D W S X A U J E R F H O L
E N T V E D F G H I K X L P W D C
F G H J W F B M A R R Y V T Y U I
A U J M T Y N O V E D F W S C P L
S D F G H N T N M U I B X S Q V D
G H J R F G T E A W R B O P E S W
T G B N R F V Y D C W S X Q A X I
K J U M Y N G I R F V B R E D E D
P L Q H T E B P D V Y S C P Z S C
E V B G N J K Y A S F R M W S W E
Y B E F V E T B N M H H J C J M K
T N B D W C V G B S W X Q A Z G T
H J C F V B G H M K I L W E F V X

남자의 능력. 돈과
여자의 얼굴. 몸매가 결혼하는 것이다
이 사랑론을 당신이 바꿔줬으면...

[그림 장수원

59

젊었을 때 정신에 튼튼한 근육을 만들라
활자를 들었다 놨다 하는 규칙적인 운동이
틈 없는 잔 근육을 가능케 할 것이다

60

배운 대로 한다

많은 후배를 팀원으로 맞아
일을 해보면 드는 생각이다
어떤 팀장,
어떤 선배에게 배웠든
배.운.대.로. 한.다.
그래서 난 가르치면서
꼭 몇 마디를 덧붙이는 습관이 생겼다
"내가 말한 것이 절대 정답이 아니다
내 말에 동의하지 않는 것도 중요하다.
가슴속에 늘 물음표를 가져라
아이디어 내는 법이 있는 듯이
아이디어를 가져오지 마라"
그런데 얼마 전에
단어 하나를 알게 되면서
저렇게 길게 말할
필요가 없어졌다

Unlearn
배운 것을 고의로 잊다

61
여자는 길다는 이유만으로 머리를 자르지는 않는다

62

나이 들면 음식이 약으로 보인다!

63

일을 힘들게 만드는 사람은
일을 못하는 사람보다
일을 못하는데
스스로 잘한다고 믿는 사람이다

때론 강촌역에
간다던가
부산에
가는 것 보다
기차에
탄다는 것이
더 중요할 때도
있는 법이다

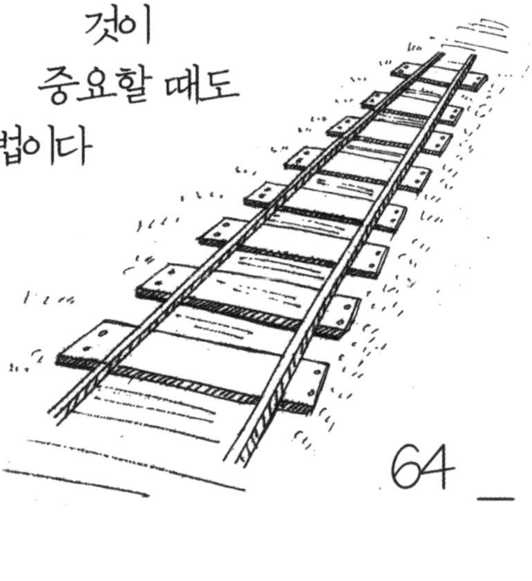

65

어머니는 위대합니다…
딸은 정말 위대해지기를 바랍니다

난 중차대한
일을 할때면
최악을 생각하고 움직인다
어떤 이는
"자식아, 넌 뭐 안될거부터 생각하냐?"
따끔하듯 말하지만 최악을 생각하지 않은
무책임한 긍정을 믿지 않는다
누가 더 긍정적일까 말이다
최악을 생각해두면 최악의 상황이 되더라도
두려울 것이 없다
간이 '콩알탄' 만해 질 이유 없다
잘된다면? 축제처럼 즐기면 그만 아닌가!

67

남자들의 소망

12월 25일에 태어난 여자와 12월 25일에 결혼하는 것

68

어느 분야든
1%는 돈을 벌고
10%는 먹고 산다
80%는 견뎌내고
나머지는? 멍하다

69

돈 번 이는
주위에 돈 못 번 사람을
(마음속으로) 손가락질하며
위안을 얻고 살아가고
명예를 얻은 이는
주위에 명예를 얻지 못한 사람을
아래로 보고 으스대며
위안을 얻고 살아가고

권력을 쥔 이는…
외제차를 모는 이는…
명품 백을 드는 이는…
강남에 있는 이는…
건물이 있는 이는…
임원이 된 이는…
미모가 있는 이는…
정력이 센 이는…
자식이 잘된 이는…
각성한 이는…
신을 섬기는 이는…

70

젊을 때 재밌는 직업은
늙었을 때 힘들고
젊을 때 지루한 직업은
늙었을 때 편안함을 준다

71

'난 저렇게는 안 될 거야!!!'
저렇게 된 사람은 '저렇게 될 거야!!' 하고 됐을까?

'나도 저렇게 될 수도 있겠지?'라는 가정 하에
힘들긴 하겠지만 '그렇게 안 될 묘수는 없을까?'라는
시각의 전환이 필요하진 않을까?

남의 인생이라고
너무 10원짜리로 생각해 버리는 것은 아닌지…

72

삶은 하나의 욕망을 또 다른 욕망으로
하나의 불안을 또 다른 불안으로 바꿔가는 과정이다
-알랭 드 보통, 〈불안〉 中

73

잘못된 결과에
왜 그렇게 되었는지를 묻는다면
답은 하나일 수 없다
하나였다면 그 하나를
해결하면 되니까
잘못된 결과를
잘된 결과로
번복하는 것은 불가능하지 않을 것이다
그러나, 모든 문제는
그렇게 단순하지가 않다
모든 돌이킬 수 없는 잘못된 결과에는
복잡한 여러 문제가 얽혀 있고
그래서 되돌리기 힘든 것이다

문제를 단순화시키며 해결하려는
그 과정과 노력, 참을성들이
그냥 해결하지 않으면 겪게 될
고통들보다 더 고통스럽기 때문이다

74

우리나라에선
‘다르다’라는 말을 ‘틀리다’라고
잘못 말하는 경우가 왕왕 있다

서로가 다름을 인정 안 하고
서로가 틀렸다고 부정하는!

다양성을 존중하지 않고
흑백논리로만 현상을 바라보는!

즉
‘맞는 것 아니면 틀린 것이라는 시각’

과연 지구상에
‘다르다’를 ‘틀리다’라고 잘못 말하는 나라가 또 있을까?

75

화내는 사람이 언제나 손해를 본다
화내는 사람은 자기를 죽이고 남을 죽이며
아무도 가깝게 오지 않아서 늘 외롭고 쓸쓸하다
-김수환 추기경

76

잡지를 훑거나, 영화를 보거나, 책을 읽는 것은
배는 부른데 머리가 출출할 때 하는 당신의 행동이다

77

비속어, 유행어, 10대 용어

막는다고 막아지겠는가
언어라는 게 그런 식으로 태어난 것인데…

'뇌 속의 콧물'을 팽! 하고 풀어
어차피 휴지에 버릴 것인 것을…

만들고 즐겨라
'안 된다'고 생각할 필요 없다

크리에이티브란
자신이
들어가 있는
박스를
발견하는
데에서부터
시작
된
다
78

79

80

생각의 차이를 만드는 방법
생각의 차이를 없애는 방법
두 가지 기술을 다 익혀라
일을 잘하는 핵심이다

81

5분짜리 이야깃거리를 가지고 하루 종일 떠들 수는 있지만
말할 시간이 5분밖에 주어지지 않는다면 그걸 위해서
하루 동안 꼬박 준비해야 한다
-윈스턴 처칠

82

퍼실리테이터(facilitator)

구성원의 아이디어를 끌어내어 창의적인 문제해결이 가능하도록
Team builder, Process checker, Scriber, Time keeper, Presenter의
역할을 수행하는 사람이다

팀장은 퍼실리테이터, 즉 촉진자가 되어야 한다고 믿는다

83

녹음한 자신의 목소리를
들어본 적 있는가?
정말이지 너무나도 낯설다
다른 사람의 목소리를 듣는 냥
"내 목소리가 저리 들린단 말야?"
재차 곁 사람에게 물어보고
확인하게 된다

내가 생각하는 나와
남이 생각하는 나는 왜 이렇게 다른지
목소리며
분위기며
그 동안 얼마나 다른 내가
그들과 나 몰래 만나 왔는지
궁금하고 놀랍고 슬프기도 하다

나를 그렸다고 주어주는 그림도 그렇다
나를 찍었다고 보내주는 사진도 그렇다

나라고 소개시켜 주는 나는 정말 나일까

자신이라고 소개시켜 주는 "저 사람"은
정말 "저 사람"일까
나한테 소개시켜준 "저 사람"을
당사자인 "저 사람"은 잘 알고 있을까

녹음된 내 목소리를 들으며
그려진 내 얼굴을 보면서
찍힌 내 모습을 보면서
그들의 "나"를 상상해 본다

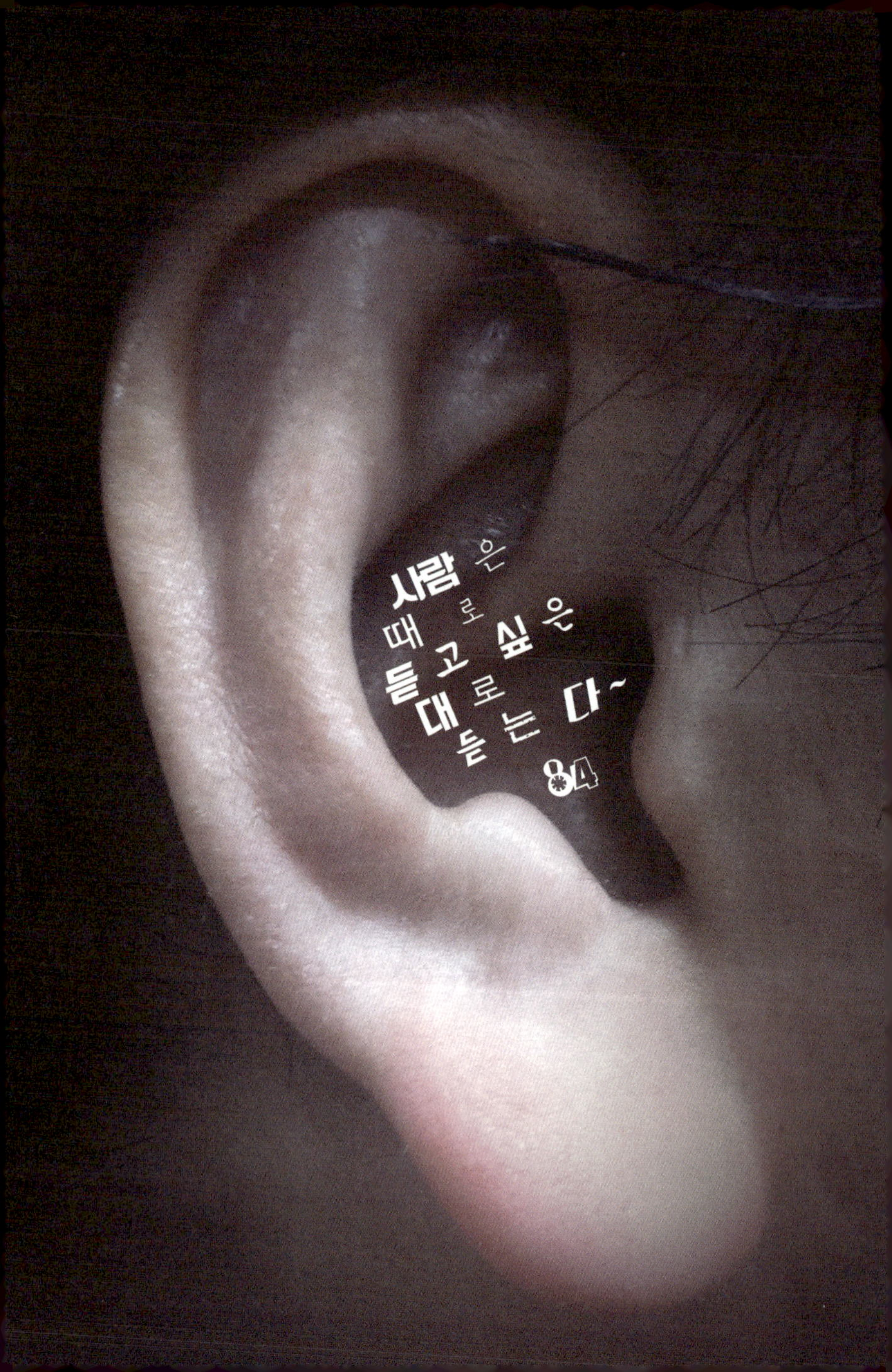
사람은
때로
듣고 싶은
대로
듣는다~
84

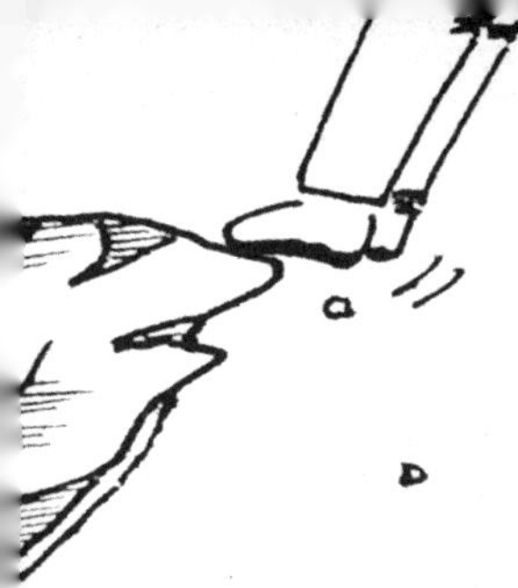

85

벼랑 끝에 서 있는 것처럼 일하라

막연한 불안감을 가진

후배에게 하는 말이다

그리하다 보면

벼랑 끝에서 그네 타는 것을 즐기는 것도

나쁘지 않다고 생각하는 날도 올 테니까

바람을 주면

흔들려주지 뭐~

86

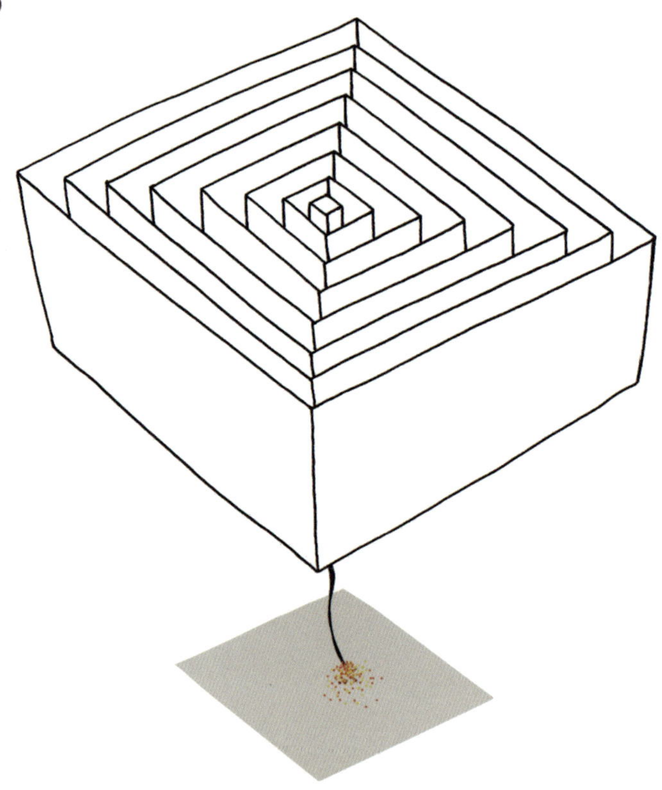

사람들마다 (건드리지 말라)의 네모를 가지고 있다

(네모 안에 것을 건드리면 폭발할거야)의 목록이
조목조목 조금의 움직임에도 터질 듯 위험스레 들어있다
그 네모가 작은 사람이 있고 넓은 사람이 있을 뿐

그 네모를 줄여갈수록
삶은 넉넉해지더이다

87

난 40이
되어 좋다
세상 속에서
발버둥 치던
20대를 벗어나
이젠
세상을 아래로
내려다보게 되었다
산에
오른 것처럼
이 경치를
즐기고 있는
내가 부럽다

88

나를 바꾸는 것은 나를 바라보는 곳에서 시작된다

89

사람의 마음에서
희망을 빼앗는 것은
그를 맹수로 만드는 것이다
-마리 루이사 드 라 라메

90 실수를 과감하게 인정하라

과감하게 인정하지 않는 것은
더 큰 실수다

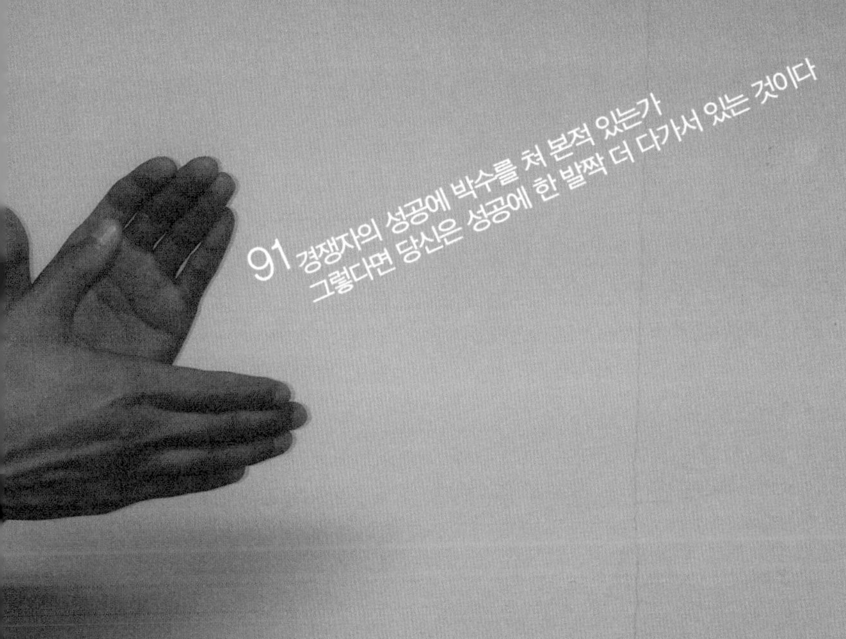

91 경쟁자의 성공에 박수를 쳐 본적 있는가
그렇다면 당신은 성공에 한 발짝 더 다가서 있는 것이다

92

세상에서 가장 아름다운 장면 중 하나는
엄마와 조막만 한 아이가 뒤뚱뒤뚱 산책하는
뒷모습이다

93

사랑은 지독한 것이다
지독하지 않으면 情이다
의리다
합의다

94

독일은 너 살고 나 사는 방법을
일본은 너 죽고 나 사는 방법을
한국은 너 죽고 나 죽는 방법을 찾는다

95_

눈물은 눈에 땀이 차는 거다 감정노동의 품삯이며 끝까지 치달은 행복한 고단함의 그것이며 사랑을 보충해 달라는 감정의 달음박질이다

96

괴물은 실재한다
악령 또한 실재한다
그들은 우리 내면에 살고 있다
그리고 때때로 그들이 이긴다
-스티븐 킹

97

울컥 추억이 터진다

그때 그 거리는 안녕할까
그때 그 친구는 일시 멈춤일까
그때 그 내음은 왜 지금 코끝에 생생할까
'서른 즈음에'를 듣다가 '그날들'을 듣다가
울컥 추억이 터진다
이 알싸한 느낌이란 무엇인가
그렁그렁 그랬었지
그렁그렁 그러했지
처음 산 장미꽃보다 붉은 얼굴로
횡단보도를 건너는 저 청년,
수줍음으로 곱게 단장한 내가 보이고…
아… 추억이란 비처럼 주룩주룩 내리는 것이 아니라
폭탄처럼 울컥 터지는 것이리라
이제는 그러하더이다

98

여자는 사랑으로 길을 잃는다 찾는다

이름의 끝자리로 불리고 부르는 요즘 사람들 김씨, 이씨, 박씨로 불리던 시대의 사람들과 규, 민, 석으로 불리는 시대의 사람들의 차이 씨족, 단체, 소속이 중요한 시대에서 각자가 더 중요한 시대로의 변화를 엿볼 수 있다

[그림 장수원]

100

사람들은 살 만하면
삶의 의미를 찾기 시작한다
그리고 찾기도 하고 못 찾기도 한다
돈 많이 버는 것, 좋은 차, 명품가방
누구도 소유 못할 것의 소유
의로움, 봉사, 이타적 삶
남을 행복하게 해서 얻는
카타르시스
내세의 행복
감동을 주는 행위
지식인
애국인
이름을 남기는 것…
하지만 단언컨대 그것 또한 삶을 나아가게 할,
사람들이 스스로를 불쌍히 여겨 만든,
장치에 불과함을 알게 될 것이다

그리고 우린 알게 된다
'주어진 생명을 살아가는 것'이
그 근본이라는 것을

인간의 삶은 뜻깊게 만들어졌다는 근거를
작위적으로라도 대지 않으면
유지될 수 없고 앞으로 나아갈 수 없는
불안정한 것이라는 것을

그래서 우린 알게 된다
인간이 기록하고 만든 종교는
우리가 스스로 만든 치유책이라는 것을
그리고 종교가 없었다면 인간은
몇백 배, 몇억 배 무너졌으리라는 것을
그래서 나이가 들수록, 허망함을 느낄수록
종교에 귀의하게 된다는 것을

삶의 의미라는 것은 그렇게
이룩해야 할 것 이전에
살아 있다는 것을
느끼는 것이리라

잊을 때마다
각성은 여기서부터 시작되어야 함을

101

추억이란
감전이 몇 볼트를
넘어서야 발생하는지 아는
마지막 친구다

102 _ 불필요한 필요의 강요. 자본주의의 엄연한 바퀴 중 하나

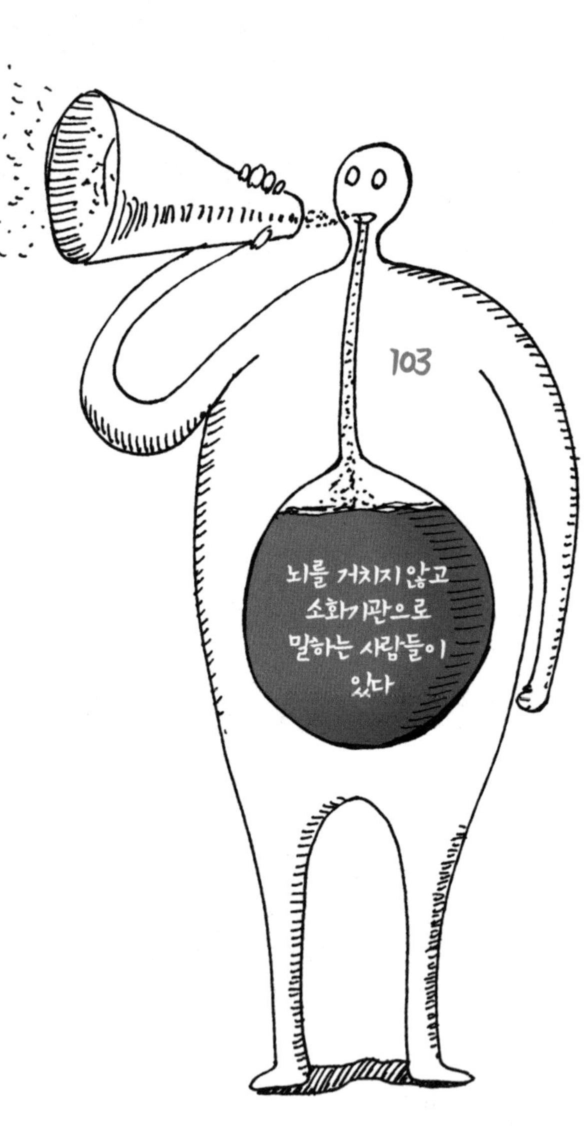
뇌를 거치지 않고
소화기관으로
말하는 사람들이
있다

104

성공 후의 삶만 삶이 아니다
지금도 삶이다

105

1mm가 틀어지면
10년 후에 10,000km가 틀어져 있다

삶의 각도에는 눈 깜짝할 사이의 선택에
큰 책임을 지게 하는 잔인성이 내포되어 있다

106

인생에서 가장 중요한 여행은
서로 다가서며 타협하는 것이다
-헨리 보이

107

달걀 껍질을 깨고 나오는 것만큼
아찔한 탐미는 없다

108

살아 있다고 느끼게 하는 것을 찾고, 하라
그게 다다

109

자존심만 강하고
자만심마저 보이는
과격한 사람의
심연을 침착히 살펴보면
능력의 비천함을
들킬까 겁먹는 어린아이에 불과하다

자신이 하는 일의, 조직의, 시스템의, 정치의
빈틈에서
기생해 온 과거가
그리 만들기도 한다는 걸 기억하라

110
대학교시절 내가 보기에도
못생긴 동기 여자들을
어른들은 예쁘다 예쁘다 하셨는데
도무지 이해할 수 없었다
지금은 알 수 있다
젊음이 예쁜 것이다

111

산다는 것은 어느 꿈을 그리워하는 고독이다

-조병화

112

알의 껍질을 깨고 나오면 반문한다
내가 저렇게 작은 껍질 안에 있었다고??

알의 껍질 속에 있으면 반문한다
내가 지금 껍질 속에 있다고??

113

우리는 아무것도 하지 않음으로써
결정하기를 피할 수 있지만, 그것조차도 결정이다
-게리 콜린스

두 번째 행복

1

"니가 더 무서워!"
바래다 주겠다는 내 말에 그녀는 까르르 말합니다.

어떤 때는 내가 여자이고, 그녀가 남자인 것 같습니다.
분위기라도 잡을라 치면, 농담으로 쨍그렁
깨 버리는 그녀의 기술이 밉기도 하지만, 난 그녀를 사랑합니다.
그녀를 만나면 며칠이 즐겁습니다.
그녀를 만나지 못하면 며칠이 몇 년입니다.

난 그녀에게 말하고 싶습니다.
"니가 없으면 난 정말 이 세상이 두려울 것이라고…"

2

중학생이어야만 합니다. 나른한 토요일 오후,
책가방은 이미 방 한구석에 툭 처 박혀 있습니다.
달그락 달그락 냄비 끓는 소리가 들립니다.
라면을 집어 넣고 …. 라면을 후루룩 먹고…
TV에서는 재미없는 재방송이 지루합니다.
졸음이 옵니다. 눈치 채지 못하게 슬쩍 잠에 들었습니다.
후두두둑… 비가 옵니다. 양철 지붕이 실로폰처럼 야단입니다.
창문 틈 사이로 찬 기운이 소매치기처럼 들어옵니다.
내 뺨을 부빕니다. 설 잠 든 내 뺨을 부빕니다.
달콤한 이 기분이라니…
누군가 가장 행복했을 때가 언제냐라고
물으면 전 이렇게 대답합니다.

5월5일입니다.
중학교 때 얘기냐구요? 아니요!
그럼, 초등학교 때 얘기냐구요? 더더군다나 아닙니다!
32살의 이야기입니다. 그녀를 3개월쯤 후에 다시 만났습니다.
약속이 엉켜서 또 그냥 그렇게 끝나는구나, 싶었는데
처음으로 그녀한테서 전화가 왔습니다. 한 번도 먼저 건 적이
없었기에 약간 흥분된 것이 사실이었습니다. 그녀가 먼저
냉면을 먹자거나, 그만 나가자거나 한 적이 없었는데
그날은 달랐습니다. 우린 프라자호텔 스카이라운지를 갔고,

덕수궁 돌담길을 따라 걸었습니다. 옛날에 가 보았던 '비스' 라는 스파게티 전문점에 가기 위함이었습니다. 그곳은 이층 가정집을 개조한 목조건물로, 지금은 보지 못하는 골동품으로 진열된 느긋하고 운치있는 곳이었습니다. 거기서 우린 많은 이야기를 했습니다. 농담은 스파게티처럼 섞였고, 바알간 미소는 차라리 창문 틈에 걸린 노을이었습니다. 가끔 진지한 이야기들이 검은 잎처럼 어두운 창문을 두들기기는 했지만, 하얀 마카로니가 맛나게 해결해 주곤 했습니다. 그녀의 머리에 떨어진 낙엽 부스러기를 떼내어 줄 때는, 이것이 바로 희곡에서 말하는 클라이맥스라는 것이구나, 라고 생각할 정도였습니다. 난 천오백, 그녀는 오백을 마시고 자리를 일어났습니다. 한 발 한 발 계단을 내려 올 때거나, 택시를 잡으려고 손을 하늘하늘 흔드는, 그 짧은 순간 동안에 전 하마터면 갑작스럽게 그녀의 볼에 입을 맞출 뻔 했습니다.

아직 전 그 후 그녀를 만나지 못했습니다. 이번 주에 만날 수도 있고, 영영 만나지 못할 지도 모릅니다. 하지만 내 첫 번째 행복을 들어준 그녀에게 두 번째 행복을 꼭 말하고 싶습니다. 혹시 이 글이 그녀를 떠나게 만들지라도…

꼭 10년 전에 썼던 이 글을 보며
이젠 잊혀진 느낌, 다시 오지 않는 추억에 잠겨 본다
비가 오면 담배 맛이 참 좋을 듯 하다

115

들뜨고 가라앉고 들뜨고 가라앉고, 누구나…
낙폭을 조정하는 법을 알아가는 것도 어른이 되는 과정이다

116
연애편지보다 더 부드러운 애무는 없다

편지는 이 세상을
쓰는 이와 읽는 이가
유일한 지배자가 되는
아주 조그만 세상으로 만들어주기 때문이다

사랑하는 이를 향해 지금 당장 펜을 들라

117

현실의 복잡성을 꿰뚫고
단순한 원리를 발견하는 일은
위대한 천재성을 요구한다

현상은 복잡하다. 법칙은 단순하다
버릴 게 무엇인지 알아내라
-리처드 파인만

118

이전의 천 년이 정신의 시대였다면
앞으로의 천 년은 물질의 시대가 될 것이다
-1999년 어느 역술가

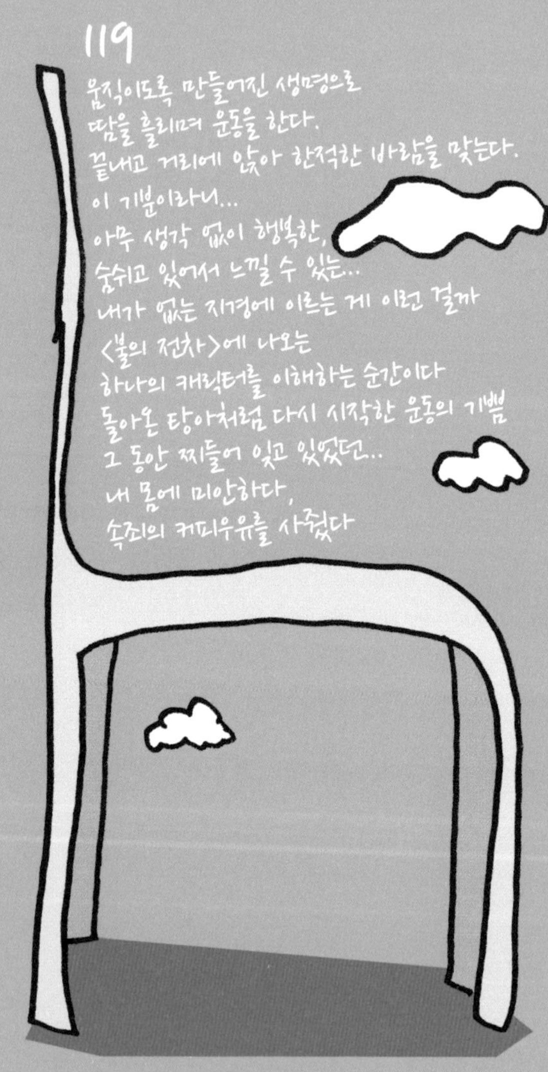
119
움직이도록 만들어진 생명으로
땀을 흘리며 운동을 한다.
끝내고 거리에 앉아 한적한 바람을 맞는다.
이 기분이라니...
아무 생각 없이 행복한,
숨쉬고 있어서 느낄 수 있는...
내가 없는 지경에 이르는 게 이런 걸까
<불의 전차>에 나오는
하나의 캐릭터를 이해하는 순간이다
돌아온 탕아처럼 다시 시작한 운동의 기쁨
그 동안 찌들어 잊고 있었던..
내 몸에 미안하다,
속죄의 커피우유를 사줬다

120

두뇌는 주로 지방으로 구성되어 있다
아무리 고상한 인간의 생각도
다 비계 속에서 나온다는 말이다
-아멜리 노통브, 〈배고픔의 자서전〉 中

121

뒤는 낭떠러지다
앞에는 호랑이가 으르렁거리며 다가오고 있다
옆에는 여우가 비열한 미소로 지켜보며 서 있고
그 뒤편에는 하이에나가 호시탐탐 기회를 노린다
그뿐인가 쥐새끼들은 어찌나 들끓는지

자! 이 순간 당신의 선택은 1초밖에 안 남았다
무슨 수를 내서든 집중력을 잃지 않고
살아남을 방법을 찾아야 한다
이것이 정글 같은 현실이다

하지만, 희망적인 것은
분명 살아남을 방법은 있다는 것이다
그것도 자신의 철학과 대치되지 않는 방법으로!

이 방법을 찾아내는 것은 무척이나 힘들지만
자신의 방법이 아닌 호랑이의 방법으로나 여우의 방법,
하이에나의 방법, 혹은 쥐새끼의 방법으로
이 순간을 모면하게 되면 정체성을 잃게 되고,
또 한 번 이런 상황에 놓이게 되었을 때
그 무엇도 자신을 지켜낼 수 있게 하는
바탕이 되어줄 수는 없을 것이다

122

미래를 예측하는
가장 좋은 방법은
미래를 창조하는 것이다
-데니스 게이버

123

비전이란 보이지 않는 것을 보는 기술이다

-조나단 스위프트

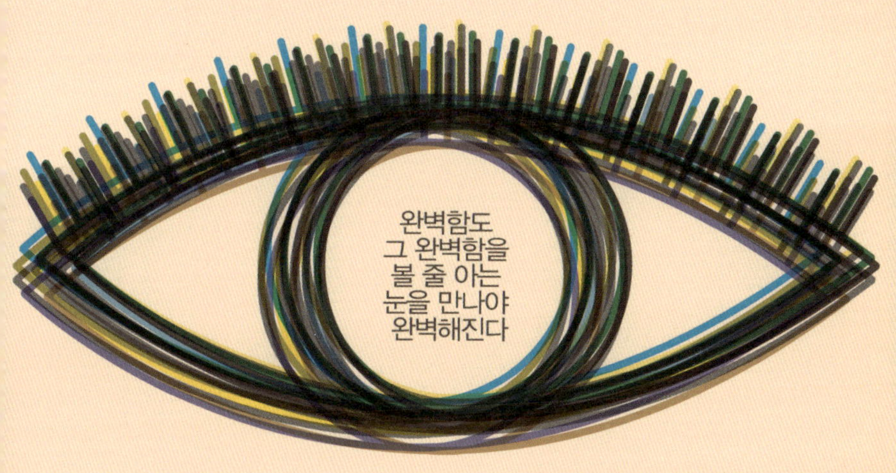

124

125

너무 부드러우면 쓸리고
너무 강하면 꺾인다

꺾여보니 알겠다

찔끔 가끔

인생은 찔끔 가끔
선풍기에 허리 휘듯 흔들리는 달력
으시시한 바람 한줄기와
으스스한 냉 녹차 한 모금에
스르르 녹고야 마는 땀 한 방울
거룩할 것도
의리랄 것도
뜨겁게 흐르다 차갑게 바뀌는
뭐 그리 명분도 필요 없는
땀 한 방울

인생은 찔끔 가끔
빳빳하게 마른 청바지를 입을 때
닿을랑 말랑 다리에
서걱서걱 스치는 감촉
살갗의 살갗의 살갗이 있구나
존재의 이유일랑
뽀득 말린 해에게 던져주고
빨래 줄 느슨한 아침을 걸으며
스윽스윽 스치는
감촉

[그림 장수원]

127

여자는 자기를 웃기게 한 남자밖에 거의 생각해 내지 못하고
남자는 자기를 울린 여자밖에 생각해 내지 못한다
-레니에

우리는
모두 누군가의 아기였다
똥을 싸놓고 까르르 봄볕처럼 웃었으며
새벽 네 시 벼락처럼 울며 불며 아파서
온 집에 계엄령을 선포하기도 했고
밤새 놀아 달라 졸라서
낮 내내 아빠를 직장에서 졸게 했으며…
엄마 인생의 몇 년을
잔치국수처럼 말아먹게 한
우리는
모두 누군가의
반짝 빛나는
미소였다

129

세상엔 3가지 종류의 기업이 있다
일을 저지르는 기업,
일이 벌어지는 것을 지켜보는 기업,
그리고 일이 벌어지는 것을 의아해하는 기업이다

두 번째
세 번째 기업을 너무 많이 본다

130

사람들이 자기를 싫어하는
이유는 A라고 생각하고
사람들은 그 사람이 싫은
이유가 B라고 생각할 때
풀리지 않는 문제는 생산된다

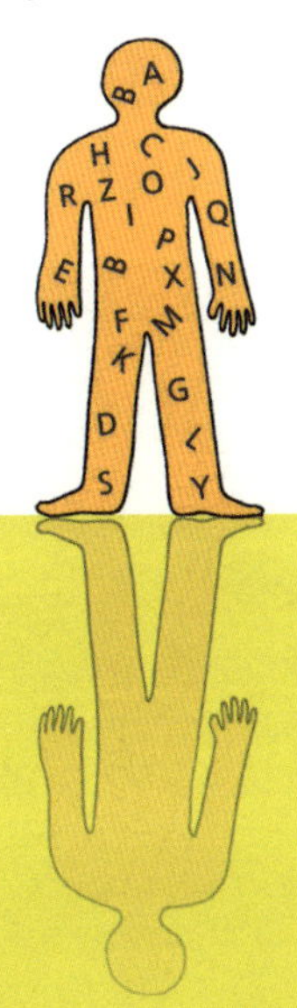

131

{불운은 사람을 망가뜨리기도 하지만
사람을 그의 진정한 모습으로 만들어 주기도 한다.}

드라마를 보다가 멈추게 한 대사. 마음에 와 닿았다.
이효리도 그렇다 들었다. 그녀도 이 대사를 이해할 것이다.

132

위대한 예술은
뜬구름 잡는 이야기가 아니라
삶의 가장 깊은 긴장과 불안에
해법을 제공하는 매체다
-매슈 아널드

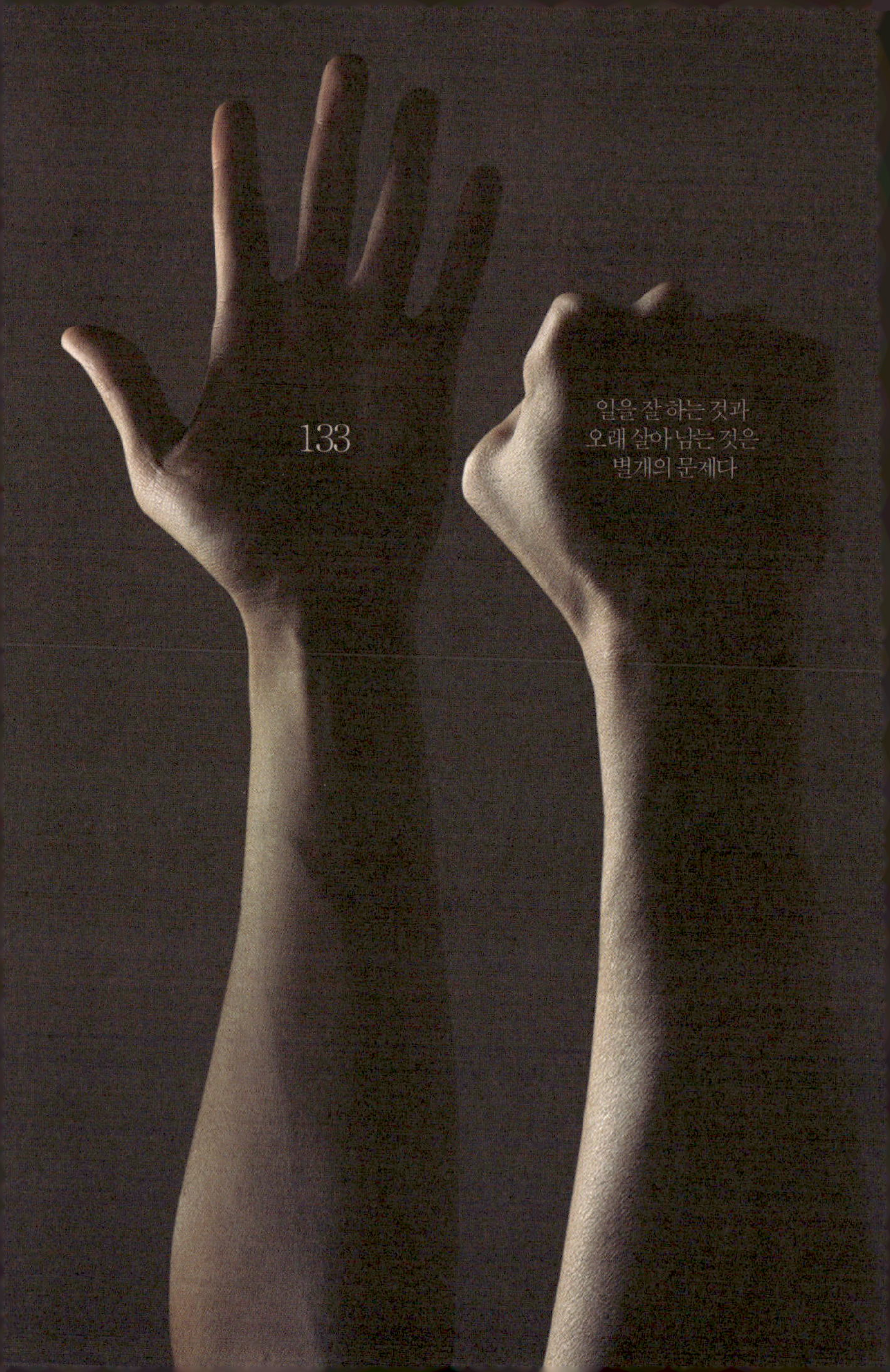

133

일을 잘 하는 것과 오래 살아 남는 것은 별개의 문제다

3개월만 하면
1년만 하면
3년만 하면
10년만 하면
재미없어지는 일들이 많다
편의점 알바든, 단순 노동이든, 직장 일이든, 전문적인 일이든
사랑도 그럴까…
지루해지고, 왜 하나 싶고, 귀찮아지고, 그냥 일상이 되고
그래서 지식이다
그래서 예술이다 좋은 것이다
몇십 년, 몇백 년을 해도
어렵기에
끝이 없기에
그래서 재미있기에

나이가 들면
자기가 가지고 놀던 공이
자기가 놀던 놀이터가
아주 작고 비좁게 느껴지고 실망스럽고
심드렁해질 때가 반드시 온다

그 허망함의 바다에 빠지지 않으려면
지식의
예술의
언저리를 지켜라

135

정치에서는 틀려도 강한 것이
옳아도 약한 것을 이긴다
-빌 클린턴

들리는가?

136
당신의 능력을 의심하지 말아요
당신은 잠시 슬럼프에 빠졌을 뿐
슬럼프를 이겨요

137

영국에 프로그램 하나가 시작됐다
여자가 나온다 개를 끌고 나온다
그리고 여자는 말한다
"남편은 개와 같다"

잔소리를 하지 말고
칭찬해주고 쓰다듬어주고
그렇게 길들이면 청소도 하고
설거지도 하게 만들 수 있다는 것이다

물론 남자들의 거센 반발에 의해
이 프로그램은 다시 방영될 수 없었지만
남자인 난 동의했다

남자는 개다/ 아무 데나 오줌 싼다
여자는 고양이다/ 안 가르쳐도 잘 가린다
남자는 개다/ 큰 눈곱을 달고 침을 달고 산다
여자는 고양이다/ 닦고 닦고 닦고 닦고 닦는다
남자는 개다/ 공만 주면 하루 종일 논다
여자는 고양이다/ 공만 갖고 놀만큼 멍청하지 않다

"남자는 개다"
그렇게 생각하고 대하면
많은 문제가 풀린다

138

당신이 뭐냐고 물으면
"논다"라고 답할 때가 많다
"논다"는 건 매우 치열한 행위야
작가에겐 세상을 관찰하는 행위지
나는 혼자서 잘 놀아
자전거 타고 나가 바람 쐬고
노을을 본다고
놀면서 세상을 보고…
-김훈

139

140

여태 많이 먹은 죄로, 나를 굶기고 있고
여태 게으른 죄로, 나를 뛰도록 채찍질하고 있고
여태 세월 흘린 죄로, 나를 순간순간 깨닫게 하고 있고
여태 불평불만을 한 죄로, 나를 행복하다 몇십 번 말하도록 만들었고

141

세상을 변화시키는
가장 큰 요인 중 하나가
'싫증'이다

이불 아래로
내려가는 절망

기어코 땅 속 깊이에라도
들어가 나오지 않으리라
땀으로 적셔 굴을 파듯 내려가는 절망

정말로 잘 숨었는지
가족조차 발견하지 못한 듯 지나칠 때
어릴 적 투명인간의 꿈은 그렇게 실현된다

143

자신만의 세계를 창조하지 못하면
다른 사람이 묘사한 세계에 머무를 수밖에 없다
-폴 호건

144

"재미가 없다…"
술자리에서 친구가 뱉은 말이다
친구는 물론 결혼을 했으며
중학생 아들이 있다
"넌 결혼이라도 남았지…"

'무엇이 남아야 하는 거구나
인생이라는 게…'

145

우리 모두는
망망대해에서
자신의 배를 수선해 가면서
항해해야 하는, 하지만 결코 배의 밑바닥부터
완전히 뜯어 고치지 못한 채 항해 해야만
하는 선원과도 같다 – 노이라트

146

세상은 답이 여러 개인 수수께끼를 낼 뿐이다

147

눈을 감으란다
발을 묶으란다
그리고 100m 달리기에서 이겨보란다

이 수수께끼를 푸는 과정이
당신이 사는 세상이다, 사회다, 회사다

148

인생이란
정해진 시간에
채점자가 늘 바뀌는 주관식 문제를
풀어가는 행위다

청춘이여
나의 반성은 너의 기회다

100m 달리기에서
한번이라도 뒤 돌아 보면 진다
마라톤에선
한번이라도 뒤 돌아 보지 않으면 진다

151

아이들의 눈으로 돌아가는 데 40년이 걸렸다

-파블로 피카소

152

잔기술이 아니라
본질이 이긴다

무언가에 막혔을 때
잔기술에 목메고 있지 않은지
당신을
되돌아보라

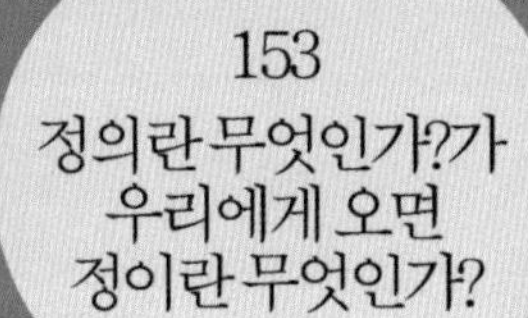

153
정의란 무엇인가?가 우리에게 오면 정이란 무엇인가?

154

10대가 어울리는 사람이 있고
20대가 절정인 사람이 있다
30대, 40대, 50대, 60대… 당신은
어느 나이대가 어울렸는가, 절정이었는가
적당한 옷을 입은 듯한 나이대가 누구나 있다
고등학교 때가 절정이었던 사람은
그때의 나이대가 맞는 거다
지금까지 그런 적 없다면?
기다려 봐도 좋을 것이다

155

반성을 반성하라
지금까지 한 반성은 반성이 아니었음을
알게 되는 때가 온다

퇴근길을 바꿔요 캠페인

출근길은 바쁘잖아요 그래서 안되겠죠
그래서 퇴근길이에요
퇴근길을 바꿔요
1호선 2호선 238번 46번 원래 가던 번호 말고
10년 넘게 변하지 않는 길 말고 이사가야,
회사 옮겨야 바뀌는 퇴근길 늘 봐서
안보고도 걸을 수 있는 길 말고
조금 더 돌아가더라도
조금 시간이 걸려도 다른 길로 퇴근해봐요
이쪽에는 원래 길에선 볼 수 없는
사람들이 보여요. 그것 아세요?
지하철 호선마다 사람들의 취향이,
모습이 다르다는 거?
시간마다 사람들의 형식이 있다는 거?
시장 길은 사람이 북적여 좋은데
성벽 길은 사람이 없어 좋고
배드민턴 치는 아빠와 아들이 보여 좋고
일상이 지루하단 말 말고,
쳇바퀴 같단 말만 말고
퇴근길을 바꿔봐요 퇴근길을 바꿔봐요

157

함부로 싸움판에 뛰어들지 말라
하지만 일단 뛰어들었으면,
철저하게 해치워서 네가 누구인지를 확실히 보여줘라
다음부터는 그들이 너를 주의할 수 있도록
-〈햄릿〉 中

158

너에게로 가는 길

가슴은 100m 달리기를 하지만
지하철 안은 독서처럼 지루하기만 하다
대하소설의 페이지 수만큼이나
수많은 역과 역들이 그들의 역사를
다 설명해줘야 떠나보낼 수 있다는 듯
문을 닫아주지 않는다
수많은 손잡이들이 흔들리고 흔들리고
이리 춤췄다 저리 촛불처럼 쓰러진다
그녀의 마음속에 흔들리고 있을
수많은 상념들도 이만큼의 숫자일까
풍경은 언제나처럼 빠르게 지나가지만
지하철 안은 같은 곳만을 되읽고 되읽는
독서처럼 지루하다

159 — 칭찬은 늑대를 개처럼 만들기도 한다

160

밥 먹여주는 것도 아닌데
자아, 이성, 존재, 합리적 사고 등을 생각하는 것은
이딴 것들을 생각하지 않으면
밥에 목구멍이 질식해 버릴 것 같기 때문이다

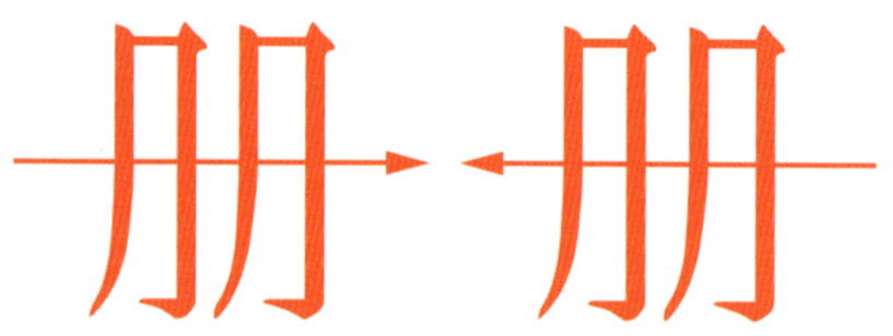

두 종류의 책이 있다
규범에 쑤셔 넣으려는 책
규범 밖으로 끄집어 내려는 책

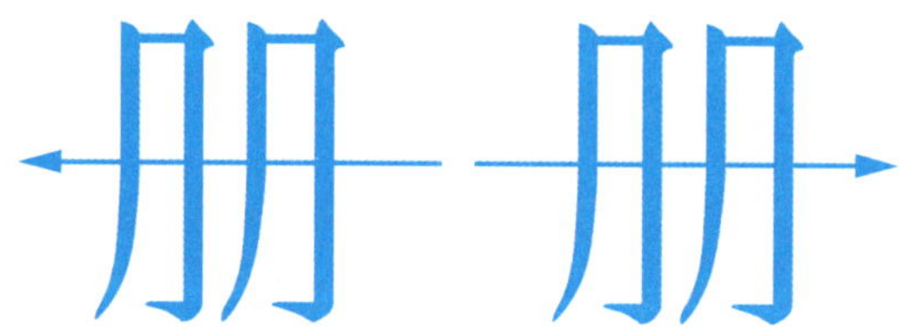

162

울어
누가 울지 말래!

울어
울면서 비울 필요도 있어

라즈니쉬의 교리를
따를 필요는 없지만

울어
바짝바짝 마른
정육면체가 되더라도 울어
소금처럼 될 때까지 울어

살다 보면
소나기처럼 쏟아질 때도 있지
창피해하지 마 부끄러워하지 마

울 바엔
파도처럼 울어
바다처럼 울어
세상이 모두 잠길 것처럼 울어

그리고
한 번 닦고 일어나
그럼 됐지 뭐

163

제니아초
(Geniaccio)

'자기 좋은 것만 하고
싫은 것은 절대 하지 않는 사람'
들의 시대

대한민국에 사는 낭신은?

164

엄마란 직업은
자식이 지 혼자 큰 줄 아는 때부터
많은 양의 음식을 한 번에 만들기 시작한다

엄마에게 자식이 필요할 때이다

165

평균대에 올라
균형을 잡고 있다 치자
인생을 빗대서 말이다

마냥 흔들리고 있는 당신,
뜨고 있는 두 눈 중에
한 눈마저 감는다면
더 흔들흔들 흔들리거나
아뿔싸 떨어질 것이다

그런데 당신도 모르는
눈 하나가 더 있다면,
또는 감겨져 있다면
어떨까?
그 눈을 뜨면
덜 흔들리게 될 것이고
균형 잡기가 더 편해질 것이라면…

숨겨진 눈을 찾아주고
감겨진 눈을 뜨게 해주는 것이
책이고, 선배고, 철학이며, 예술이다

166

등굣길이,
출근길이
모험으로 가득한 여행길이었던 적이
언제였나요?

167

가끔
지하철을 타고 가다
버스를 타고 가다 무작정 내리는 건 어떨까
출발지와 도착지만 있는 우리 일생
이름 모를 역에 내려보는 거
한 번도 밟아보지 않은 땅에 내리는 거
소프트 아이스크림을 사먹거나
초등학교에 무턱대고 들어가도 되고
꼬부랑 골목을 헤집어도 되고
유명하단 곳 말고, 유명하단 집 말고
남들 많이 간다고 하는 곳 말고

한번 그렇게 여행한 적이 있다
아무 곳이나 내려서 무작정 걷기
다리 아프면 아무 버스 아무 기차나 타기
그리고 발견한
이름 모를 간이역, 시집에나 나올 법한
간이역의 난로 그 앞에 펼쳐진 산세 그리고
기다리는 동안 내려가 거닐 수 있는 물가
생각만 해도
나만이 알고 있는 아름다운 곳이 하나 생겼다는,
소름 돋는, 뿌듯한 일
이슬 눈이 내리던 어느 황토 고갯길이며
아무도 걷지 않은 것처럼 새침스럽던 해변도로의 노을길…

정해진 대로 살고
정해진 시간에 살고
정해진 곳에 가고
정해진 대로

아니 간 길이라 아름다울 뿐이야…

169

'나만이 옳다'의 성에 사는 사나이

자기합리화에 빠져 살다
자기합리화인 줄도 모르는
지경에 이른 사람을 봤다
남의 충고는 모두 틀린 것!
좁쌀만 한 자신만의 궁에서
왕이 되어 산다

여자는 격정과 걱정의 동물이다

171

젊음이 알 수 있다면, 노년이 할 수 있다면…

-볼테르

172

자신에게 이득인 행동을
당신의 이득을 위한 행동이다
말하는 사람들이 있다

그는 당신이 눈치채지 못할 거라 생각한다
그리 어리석으니
그 잔꾀가 통해왔고
또 통하리라 믿는 것이리라

사람을 잃는 가장 좋은 방법이다

알려주고 싶으나
그런 부류의 사람은
끝까지 우기기만 할 것이다
피하라

173

나이 40이 되면
얼굴에 책임을 져야 한대!

20대 때 들었던 말이다
지금 생각해보면
상당히 날카로운 칼의 얼굴을 했었나 보다

당신은 지금 칼의 얼굴을 하고 있나
흙탕물의 얼굴을 하고 있나, 퀭한가, 자혜로운가

얼굴로
당신의 인생을
말하게 될 때가 올 것이다

174

자신의 성 안에
전쟁무기만 잔뜩 쌓아 올려
자신이 쉴 곳조차 없는 사람

175

남의 재능을 무뎌진 발톱으로 만드는 재능이 있는
사람들이 너무 많다

요것만 있으면...
요것만 하면... 다 이룰 듯한,
유혹을 뿌리치기 힘든
일, 물건, 행동들이 있다

마음 꾹 참고 지나치면
아무것도 아니지만,
아쉬워도 잘했다 싶지만
슬쩍 잡는 순간
더 이상은 돌이킬 수 없는 일들,
내가 내가 아니게 되는 일들에
빠지기 쉬울 때가 반드시 온다

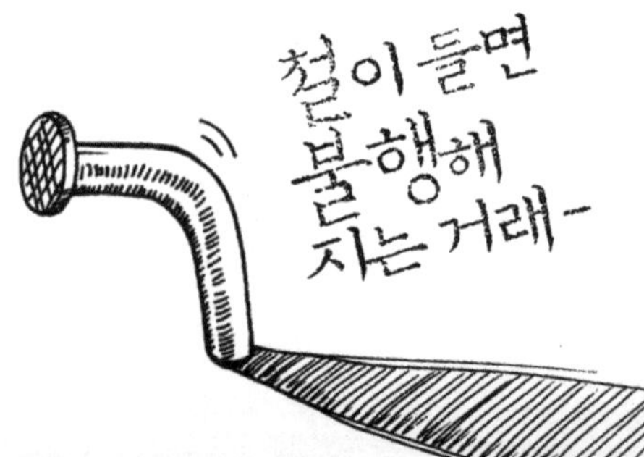
철이 들면
불행해
지는 거래-

178

한 사나이가 동굴 옆 나무에 매달려 밑에서 으르렁거리는 짐승과
위에서 혀를 날름거리는 용으로부터 피하려 발버둥치고 있다
그런데 나무에 매달려 죽음을 기다리고 있는 이 사나이가
어쩌다가 나뭇가지 밑에 몇 방울의 꿀이 발려 있는 것을 알게 되자
고개를 뻗쳐 그 꿀을 핥아 먹는다 이것이 인간의 진정한 모습이다
-톨스토이

179

누구에게나 재능은 있다
'재능을 재능으로 발견하는 것도 재능'이다
'재능을 어디서 발휘해야 할지 아는 것도 재능'이다

이 '두 가지 재능'이 없으면 재능이 있어도
당신은 재능 없는 사람으로
요행만 믿고 살게 될 것이다

"난 재능이 없는 것 같아~"는
"난 아직 내 재능을 발견하지 못했을 뿐이야~"
"나에게 있는 이 재능을 어디에 써야 빛이 날지
아직 찾지 못했어~"로 바뀌어야 한다

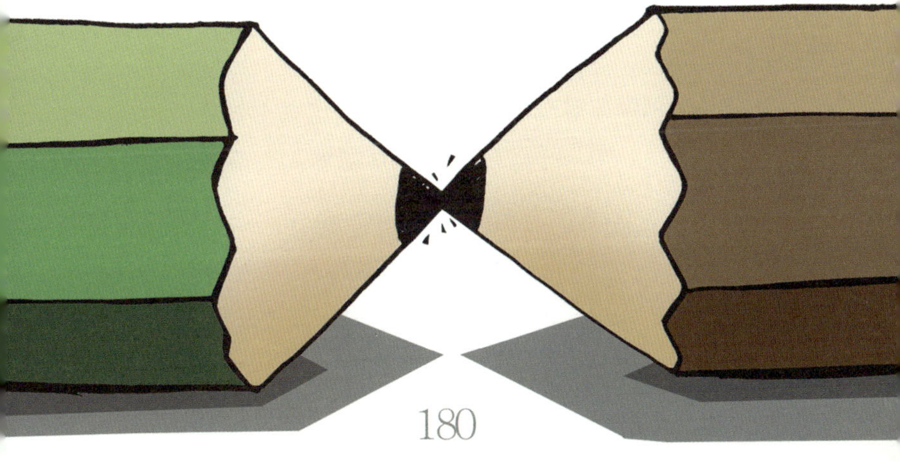

180

가르쳐보면 안다
상반되어 보이는 이야기로
다그치게 되고 그렇게
일관성 없게 보인다는 것을
하지만,
그 중간 지점 어딘가에
같이 가고자 하는 곳이
있다는 것이다

181

'어떻게 된 애가 아직도 꿈이 없니?'란 질문에
잘못됐구나 우울해하는 청춘에게

목표하는 바가 생기기도 했지만
꿈까지는 아니었다

나도 꿈이 없었다
40이 넘어 생기기도 하는 것이 꿈이기도 하다

현실을 경험하면서
현실 속에서 이룰 수 있는 꿈을 찾는 것이
더 현명할 수도 있다

믿어라
당신 나이에 꾼 꿈을 이룬 사람은
몇 안 된다

그런 질문을 하는 사람조차

182

희한하게도 잘하는 사람 밑에서 배운 사람들은
대부분 '생각하는 법'을 모르는 것 같다

'생각하는 법'은 잘하는 사람의 몫이었던 것이고
밑에 있던 사람들은 그 사람의 잘 다듬어진 연장이었을 뿐

183

직능인이 아니라 크리에이터가 되어야

당신이 어느 분야에 있든

184

못난 선배는
[내가 할 수도 있는 끔찍한 실수들을
몸소 실천으로 하면 안 된다는 것을
가르쳐 주시는 좋은 스승]이다

세상엔 좋은 스승이 너무·너무 많다

나 또한 당신의 좋은 스승이다

185

궁정을 말하기 위해서는
生에의 의지가 필요하다
-콜린 윌슨, 〈아웃사이더〉 中

186

손끝에서 손끝만큼 먼 것이 사랑이어라

187 사람을 내 손으로 자른 적이 있다 자르기 전 6개월이 가슴 아팠고 자른 후 6개월이 가슴 아팠다
내가 뭐길래 그의 인생을 좌우한단 말인가 그리고 그 이름 10년이 지난 지금도 내 가슴 속에 압정처럼 꽂혀있다
아무런 거리낌없이 자르는 사람들은 만성이 되어서 무감각해졌거나 자신의 행동이 무엇을 의미하는 지 모르는 것이리라
어쩔 수 없이 자를 수밖에 없을 때 가슴 한쪽 한 부분도 잘라 주는 심정이어야 할 것이다

188

돈이 많다는 것은
미래에 대한 불안감이 조금 덜하다는
이점이 있다는 것뿐

지옥은 끝이 없어서 지옥이다
따라서 끝이 있다면 지옥이 아니다
견뎌라 끝은 있다

189

190

누가 먼저 해야 안심하고 하는 한심한 나라…
누가 안 해야 하는 나라로 만들어주길…

능숙해
질수록 한 눈
은 잘 팔린다
조심하라

사람[여자]

사람 괜찮다, 라고 생각된 후
여자로 보인 여자와는
참 오래 가는 원인,

여자[사람]

여자로 먼저 보인 여자는
사람으로 어떤지 모르고 시작하는
이유에서 출발

[그림 장수원]

193

내 작업은 눈에 익숙한 것들을

내가 어떻게 보는 지를 '보는' 지점에서 시작된다

-재스퍼 존스

194

조직 내에서 갈굼당하고 얻어맞고, 그래서
힘든가? 그래서 정치라도 해야겠다고 생각하는가?
때리면 맞아라! 멍석말이를 당할 때도 있다
눈 감고 맞아라! 소리도 지르지 마라!
언젠가 한 번의 기회는 온다
그 기회를 잡으면 살고, 잡지 못하면 죽는다
당신 스스로를 믿고 기회를 기다려라
다시 한 번 말하지만
언젠가 한 번의 기회는 온다
정치에 빠지는 순간,
당신은 당신을 잃게 되는 날이 올 것이다

눈 앞에 떨어진 10원짜리가
멀리 있는 100원짜리를
못 보게 하기도 한다

[그림 장수원]

196

짧은 것은, 만약 그것이 좋은 것이라면, 그 좋은 점은 두 배가 된다

-스페인 속담

197

그의 눈에는 주먹이 쥐어져 있다
세상이 그를 멍들게 한 만큼
그도 세상을 꼭 그만큼 쳐다보고 있는 듯하다

끝 인사가 끝나는 법을
모르는 나라.....였다

[그림 장수원]

199

프로패셔널의 조건

현명하게 일하기
더욱 중요한 것은 아무 일이나 열심히 하는 것이 아니라
자신의 강점, 자신의 일하는 방식, 자신의 가치관들을
구체적으로 파악하여
자신에게 맞는 일과 조직을 선택하고
자신이 잘하는 방식으로 일하는 것이다
-피터 드러커

200

승리에는 이상한 승리가 있지만
패배에는 이상한 패배 같은 것은 없다
-노무라 감독

201

'이제 무엇을 해도
가슴이 뛰지 않는 당신에게'

어느 모터사이클 광고에 썼던
카피다
그때 매니아층에서 꽤나
반응이 좋았던 카피다

이제 무엇을 해도
가슴이 뛰지 않는 당신에게
'가슴을 뛰게 만들 무엇을
계속 찾아 다니길 바란다'
장수하는 법은 요구르트에 있는 것이 아니다

202

'내가 남들과 다르지 않아 다행이다'를
가르쳐준 것이 프로이드의 〈꿈의 해석〉이고

'내가 틀리지 않았으며, 나만의 멋진 세상도 있구나'를
가르쳐준 것이 콜린 윌슨의 〈아웃사이더〉이며

'편협한 것에 빠지는 것이 얼마나 무서운가'를
가르쳐준 것이 '라즈니쉬'이고

'남들이 나를 나의 생각과는 다르게 바라보는구나'를
가르쳐준 것이 '나와 똑같은 사람과의 만남'이며

'객관적인 시각을 집중력 있게 유지해야 한다'를
가르쳐준 것이 '직업으로서의 광고'이고

'서로 다른 이해관계 속에서도 방법은 찾으면 나온다'를
가르쳐준 것이 '직책으로서의 팀장'이며

'미동에 요동치지 않고, 차분히 길게 보는 안목'을
가르쳐준 것이 '나이'이고

'내가 사람에게 다가가도 아프지 않을 수 있구나'를
가르쳐준 것이 '그녀'다

이 시대의 **스킬**

외제차할부**스킬** - 집에 갈 때 어떻게 가세요?
강남 반지하 **스킬** - 어디 사세요?
화장발**스킬**.
성형**스킬**.
뽕**스킬**.
킬힐**스킬**.
명품**스킬**.
머리발**스킬**.
깔창**스킬**….

204

남의 잘못됨으로
살아가는 기운을 얻는다면
그만두라

사람인지라
어쩌다 그럴 수는 있으나
그것만으로 사는 사람의
스치는 미소만큼
비참해 보이는 것도
없다

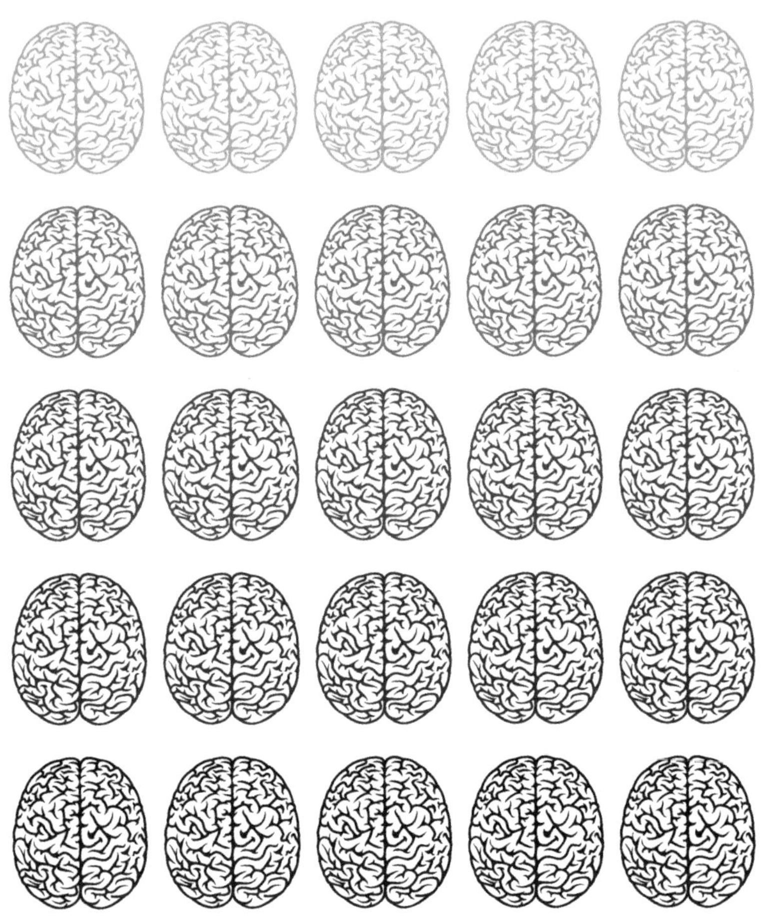

잔머리는
잔머리를 썼던 사람들에게 들키기 마련이다

206

영리하되 영악하게 살진 마라
비겁할망정 비열하진 마라

저돌적이되 저열하지 말며
차분하되 처져 있진 마라

비판을 즐기되 비관하지 말며
이해하되 용납하지 마라

207

당신 상사의 눈으로
당신을 바라보면
무엇을 해야 할지 깨닫게 될 것이다

208

F.W.M.T.S 함정

Forget What Made Them Successful!

무엇이 우리를 성공시켰는지 잊어 버리는 것!

-〈포지셔닝〉 中

작은 성과에도 이유는 있다

잊지 말길

209

나는 나를 믿는다
나는 나를 믿는다
나는 나를 믿는다

살면서
이 말이 필요할 때가 반드시 온다
계속 되뇌고
계속 써라

210

관찰은
책 전체에 단 한 번 나오는
단어를 찾기 위해
책장을 휙휙 넘기는 일과 같다
-〈생각의 탄생〉 中

211

우리나라 기업 임원진들의 회의는
바다 날씨 같다

개었다 흐렸다 파도 쳤다 잠잠하다
아직 여중생의 감정기복 수준에도
못 미친다

좋은 방향으로 잘 가다가도
언제 그랬냐는 듯이
횡성수설이 난무하다가
엄한 산꼭대기에
올라가서
'야호' 하고
내려온다

212

자신이 창조한 것으로
자신을 묘사해야 알아듣는
어리석음

213

해결해야 할 문제가 사랑하는 사람보다 더 중요해지지 않도록 하라

-바버라 존슨

난 반대로 산 것 같다

214

비즈니스 세계에서
알아야 하는 말
"돼야 되는 거다"

아

215

대기업 입사가
꿈인 나라
외우는 재주만
가르치는 나라
자기 재능이 무엇인지
모르게 만드는 나라
항복이 행복인걸
뼈 속 깊이 새겨주는 나라
젊음을 절름거리게
방치하는 나라
그래서 아이 낳기
두려운 나라
그런데도
아직도
그들
아!

216 인간은 좀 더 복잡한 자연현상일 뿐이다

217

혼돈은 해석되지 않은 질서다

-〈에너미〉 中

머리에 질서가 하나 더 생겼다

218

한국인은 외국에 나가면
신수 추로 불린다

외국인은 한국에 오면
스필버그 스티븐으로
불려야 하 것만…

219

나이가 들면 퇴로가 막힌다
그때 닥쳐서 할 수 있는 건
거의 없다
지금부터라도
퇴로를 가상하고 기회를
창출할 무언가를
준비해야 한다
더더군다나 한국에 산다면

이 책을 내기 위해
10년을 준비했다

220

깨달았다, 억울한 것도 내 잘못이다

221

망각이란 살게 하는 보조 장치다

잊어라, 잊힐 것이다
누가 빨리 잊느냐의 문제일 수 있다
인생은

222

앞으로 나아가는 데는 많은 방법이 있지만,
정체하는 데는 단 하나의 방법이 있다
-프랭클린 루스벨트

223

따지지 않는 뚜껑이 남자의 빈자리
떨어져버린 단추가 여자의 빈자리

224

'당신 문제를 다른 사람들한테 이야기하지 말라
20%는 상관도 안 하고
80%는 네가 힘들어하는
문제가 있다는 것에 대해 기뻐한다'

2014년 7월 어느 날 읽었던 글귀
참 아픈 말이지만 부정할 수 없는 말
하지만, 다 그렇지 않다고…

자신의 고통을 해결하는 것은
누군가에게 이야기를
털어 놓는 것에서 출발한다는 것도
잊지 말길

225

유교문화인 동양의 수직문화가
수평문화로 바뀔 수 있는 방법은 하나다

태어나서 말을 갓 배운 자녀가
부모한테 이렇게 말하는 날이 오면 된다

"정헌아! 우유 좀 줘봐"

226

재능이 있음에도 그것을 낭비하는 것이 아플까
엄청난 노력에도 재능이 안 보이는 것이 더 아플까
재능을 발견하려 하지도 않고, 노력도 하지 않지만
그냥 먹고 살고 있는 것에 만족하는 것이
덜 아픈 걸까
위대하게 탄생한 당신들에게 묻다

227

여행을 하다 문득
“어떤 이들은 이곳을
한 번도 보지 못하고
세상을 떠난다네…” 하며
풍경이 눈으로 침투하다

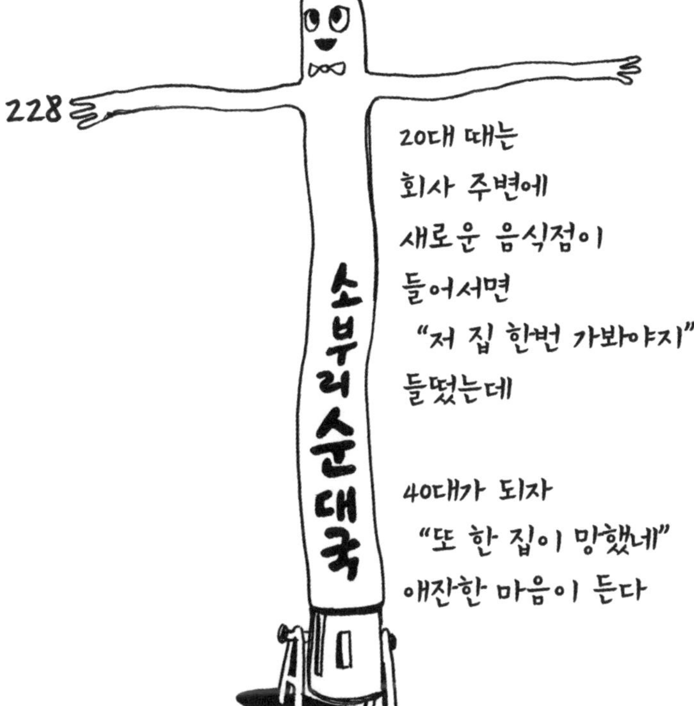

20대 때는
회사 주변에
새로운 음식점이
들어서면
"저 집 한번 가봐야지"
들떴는데

40대가 되자
"또 한 집이 망했네"
애잔한 마음이 든다

229

사실 사람들은 책을 읽지 않는다
읽는다고 해도 이해하지 못한다
이해한다 해도 잊어버린다
-아멜리 노통브, 〈살인자의 건강법〉 中

230

버스정류장,
두 개의 별을 봤다
초면입니다
인사할 뻔했다

한참을 쳐다보니
이제 별도 나에게 별 감흥을 주지
않는다는 걸 눈치챘다

……별을 보며 어처구니 없게도 비행기를 떠올렸다
저 정도 높이였을까
그리곤 난 어느새 그 비행기에 타고 있었고
달뜬 기분을 발 뜬 기분으로 느끼면서
뉴욕을 내려다 보던
그 서른 중반의
(어느 신기한 도시를 보아야만 느끼던)
새록 새록한 감정을
다시 끄집어 내어본다

발 뜬 기분,
두 개의 별을 보고
비행기를 떠올리는
이 멋없고 상상력까지 늙어버린
한 중년은
그래도 그 기분을 선물 받을 수 있어서
달달해진다

231
목소리 큰 놈이 이긴다

"조선 놈은 말로 해선 안 돼!"
십몇 년 전에는 간혹
들을 수 있는 말이었다
정말 듣기 싫었던 이 말은
어느 샌가 사라져버렸다

사회통념이라는 것은
무서운 것이
대중의 머릿속에
깊숙이 뿌리내린 것이라
없애기 쉬운 것은 아니다

'목소리 크다고 이기는 것은 아니다'가
서서히 사회통념으로 자리 잡는 날이 왔으면 좋겠다
목소리 큰 것이 부끄러운 자리임에도
자기의 것을 빼앗길까봐 목소리 높이는 나라
돌이켜보건대 그날은 분명 올 것이다

232

여자친구 생기면 좋을 텐데
목돈이 생기면 좋을 텐데
결혼하면 좋을 텐데
아이가 생기면 좋을 텐데
임원이 되면 좋을 텐데
복권이 되면 좋을 텐데
좋을 텐데 좋을 텐데,가
이루어지든 이루어지지 않든
행복의 정도나 척도가
크게 변하지 않는
삶을 살 수 있도록
스스로를 컨트롤—

233

우리는 모두 죽는 것을 알기에
삶은 농담이 된다
-알베르 까뮈

234

여자가 옳다

기뻐할 때 기뻐할 줄 알고
슬플 때 슬퍼할 줄 알기 때문이다
남자의 삶은 옳지 않다

기쁠 때
발을 동동 구르고
손을 휘휘 젓는
여자가 옳고 예쁘다
생명은 그렇게 살라고 있는 것이다

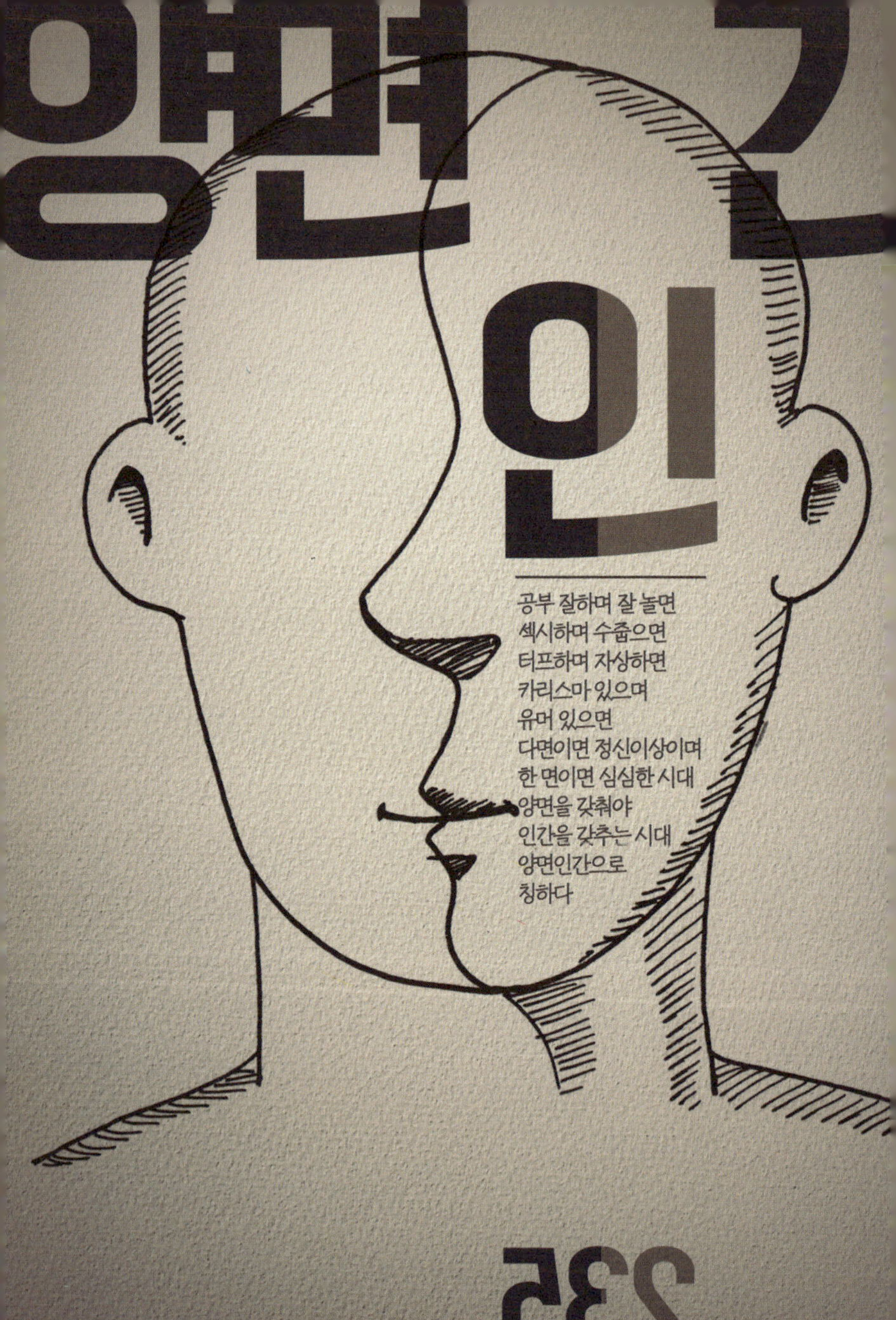

양면
인
공부 잘하며 잘 놀면
섹시하며 수줍으면
터프하며 자상하면
카리스마 있으며
유머 있으면
다면이면 정신이상이며
한 면이면 심심한 시대
양면을 갖춰야
인간을 갖추는 시대
양면인간으로
칭하다

236

절망 속에서 지푸라기처럼 찾아낸 긍정이 아니라면
그것은 다시 널 가라앉힐 바위가 될 뿐이야

깨달음은 엄마에게서
시작 될 때가 많다

[그림 장수원]

238

미루는 것은
거절의 가장 확실한 표현이다
-C.N.파킨슨

239

예술은 진실을 깨닫게 만드는 거짓말이다

-파블로 피카소

240

선임이 되면
팀장이 되면
임원이 되면
사장이 되면
뭔가를 더 하려 한다

오히려 뭔가를 안 하려 하라

내 위에 선임이 이래서 내가 힘들었지…
내 위에 팀장이 이래서 내가 힘들었지…
내 위에 임원이 이래서 내가 힘들었지…
내 위에 사장이 이래서 내가 힘들었지…

241

회사용 인간

[그림 장수원]

242

대화거리가
네이버를 넘지 못하는 사람들과의
만남을 줄여라

243

죽음을 준비하는 사람처럼 산다
안 해본 거 하기로 했다
새벽 캔 맥주 한 잔도 뭐 나쁘지 않고
조금 과장되더라도 좋은 말 해주기
이것도 뭐 괜찮은 거 같고
햇볕 느끼기, 꽤 따뜻한데
바람 느끼기, 눈 감으면 더 좋아
방귀 뀔 때 뿡 신기해하기, 재밌다
간지러울 때 긁는 거 느끼기, 시원하고 피부 감촉이 이랬구나
고통 좋게 생각하기, 이것도 살아 있으니까 느낄 수 있는 거잖아
졸음 참기, 아~ 잠이란 게 참 달콤한 거였구나
내 목소리 세심히 듣기, 성대가 울리니까 신기하다
왜 누구도 이런 거 느끼고 살아보라고 말 안 해줬을까
하긴 안 해줘서 다행일지도
지금 느끼고 있으니 사는 게 지루할 때쯤 좋네
감사해야 하는 거겠지?
내일은 공원 벤치에서 봄 낮잠 자볼까?
보기 싫은 아저씨처럼 드르렁드르렁

244

자기가 어떤 사람인지
명확히 아는 방법은 한 가지밖에 없다
자기와 똑같은 사람을 만나보면 된다
아 내가 저렇구나, 저렇게 보이겠구나
그래서 나를 그렇게들 말했던 거구나
수만 번의 자기성찰보다
실명위기의 독서보다
모래알 같은 아포리즘보다
아주 확실한 방법일 것이다

가슴이 철렁 내려앉을 것이다

245

조직 내에서
나를 괴롭히고 코너로 몰고 내쫓았던
사람들에 대한 미움이 사라졌다

아… 그들도 그저 살려고 했던 거였구나

246

새로운 문화를 접하는 4단계

호기심
불만
새로운 사람에게 잘난 척하기
주인 되기

당신은 지금 어느 단계인가요?

247

익숙해질 때쯤 끝나는 것이 여행이다

익숙해지면 이제 그곳은 여행지가 아닐 테니까…

248

사람을 편하게 하는 스마트폰은
사람들이 다가오는 것을 불편하게 만드는 도구로 쓰인다

249

편식은 좋은 거다

다른 사람들이 모든 음식에
신선함을 못 느낄 나이대쯤
당신은 어린아이처럼
와 이거 맛있다
또 다른 행복이 아직 많이 남아 있다는 뜻이다

먹는 거든, 보는 거든, 듣는 거든, 읽는 거든

인생이 그럴 만큼 길어졌다

250

남들이 자신을 어떻게 생각하는지에
모든 에너지를 쏟는 사람들이
애잔하다
묻고 싶다
그런 당신을 정작 스스로는 어떻게
바라보고 있는지를
생각해본 적 있는가

혹여
구석에 쪼그리고 앉아 초조해하는
당신을 발견하지는 않을지 궁금하다

251

내 장례식장에
이런 글을 걸어 달라고 부탁했다

잘 놀다 갑니다

252

신이 당신을 어디에 심었든
당신은 꽃을 피우는 법을 알아야 한다
-프랑스 속담

253

부모는 해준 게 없어 울고
자식은 해줄 게 없어 울고
그렇게 부둥켜 비가 내린다

254

이 광고를 다 읽더라도
당신은 변하지 않을 것입니다

이 광고를 다 읽더라도
당신은 2시간 후 비닐봉지를 사용할 것이며
이 광고를 다 읽더라도
당신은 오늘 저녁 에어컨을 닭살 돋도록 틀 것이며
이 광고를 다 읽더라도
당신은 내일 아침 샴푸를 마음껏 쓸 것이며…

그래서 당신이
"이 쓸모 없는 광고를 왜 하는 거야?
다 이거 내 세금으로 하는걸 거 아냐!!!"라고
생각할 줄 알면서도

그래도 당신에게
이 광고를 보여주는 것은
당신이 아닌 단 한 사람이
수도꼭지를 잠근다면
당신이 아닌 단 한 사람이
전기 스위치를 끈다면
당신이 아닌 단 한 사람이
당신의 아들이라면
당신의 이종사촌에 8촌과
아무 상관 없더라도

몇십, 몇백만 원 하는 이 광고가
아깝지 않은 이유는

당신이 살아야 하는
당신의 아이가 살아야 하는
이 지구가
당신이 아닌 단 한 사람으로 인해
지구온난화를 조금 멈췄기 때문입니다

당신의 지구에
다른 사람의 실천을
바칩니다

-2011년 대한민국 공익광고제에 출품했고
금상을 수상했다

255

말은 위험하다
글은 더 위험하다

256

상대의 견해나 태도가 바뀔 때
말하는 문장부터 바뀌는 게 아니다
의식적이든 무의식적이든
슬쩍 조사부터 바뀐다
중요한 관계, 중요한 일이라면
조사의 미묘한 변화를 감지하여야 한다
문장이 바뀌었을 땐
이미 상황은 끝난 거나 다름없기 때문이다

257

4각의 링에서
언제나 이기던 사람이
8각의 링에 가면
맥을 못 춘다

자신의 링을 만들라

자신에게 유리한 링을
찾거나 만들고
거기서 싸워라

258

가진 자들에 대한
상대적 박탈감 때문에
불행한가?
그들은
당신의 그 상대적 박탈감만큼만
조금 더 행복한 것이다

259

다른 시선을 갖는다는 건
앞을 보고 가다가
옆을 보는 것처럼 쉬운 일 같지만
옆이 있다는 것을 깨닫기가 힘든 것이다

자기객관화가
자기가 이루고자 하는 것에
도달하기 위한
대단히 중요한 것 중 하나라고
말한다면
오버일까?

자신의 능력보다
자신을 높게 평가하는
사람은 발전할 수 없기 때문이다

자신의 존재가치를
자신보다 낮게 평가하면
앞으로 나아갈 수 없기 때문이다

자신에 대한
다른 사람의 비판이나 칭찬을
객관적으로 수용할 수 없으면
변질되기 때문이다

가장 어려운 것이라고
말하면
오버일까?

261

나를 더 나아지게 만드는 사람이
자기의 이상형이라 말하는 여자,
존경할 만한 사람이 이상형이라고 말하는 여자보다
더 현실적이고 현명해 보인다

내 주위에 나를 더 나아지게 만드는 사람은 있을까?

262

멘탈이 바닥까지 떨어졌을 때
예능에 나오는 유재석, 강호동…
그들이 손쉽게 놀면서 몇백
몇천을 버는 게 꼴사납고 미웠다

이런 생각 가진 적 있는가?
난 바닥의 바닥을 핥은 적이 있다
그런 적 없다면
당신은 나보다 멘탈이 건강한 사람이다
내가 누구보다 건강하게 사는데…
당신은 더더더

263

지루하게만 들리던 명언이
가슴에 와 닿는 데는
지루한 시간이 필요하다

264

하루 종일 집안을 뱅뱅 돈 적이 있다
겨우 한 모금의 우유만이 들어가던 나날들
뾰족 선 머리카락처럼 살아간다는 건
최소한의 잠과 죽지 않을 만큼의 우유를 허락하는 상태
절대 이 지옥을 맛보지 않았으면 한다
"나야 그럴 일이 없지" 나 또한 그랬으니까

아무 생각 없이 걷다 보면
물웅덩이를 밟을 때도 있고
툭 튀어나온 것에 걸리기도 하고
맨홀에 빠지기도 한다
그렇다고 늘 바짝
긴장하고 살 수는 없는 일이니까

만약에라도 그렇게 되었다면
견뎌라
조언? 그런 거 없다
견뎌라

265

사람이 한 번에 확 변하지는 않는다
아주 조금씩 변해간다
그래서 자신은 변한 것이 없다 생각한다

돌이켜 볼 날이 올 것이다
그리고 아주아주 완만한
곡선으로 변질되어 온 인생
그 순간순간의 점들을 볼 수 있는
눈을 가질 날이 올 것이다
그때부터다 남은 인생을 어떻게 할지

과거가 바뀔 수는 없다 그러나
과거가 바꿀 수는 있다

지금 고민한다고 해결될 거 아니면 고민 안 하기
내가 짊어진 책임 다 해결 해야 한다는 생각 접기
불투명한 미래에 불안해하기 보다
인생이 또 나를 어디로 데려갈지 궁금해하기
순간순간 살아있음을 느끼기...

내가 조금 더 행복한 삶을 살기 위해
스스로 터득한 것들

그 동안 중학교부터
책을 읽고, 인생이 무엇인가에 대해
질문을 던지고 고민했던 것들이
다 부질 없고 쓸데 없다
부정 한 적도 수없이 많았는데

그러지 않았으면
난 쓰러졌을 것 불행했을 것
아직 지옥에 있었을 것.....

이 편안한 마음을 갖지 못했을 것

도인이 아니라서 가끔은 아직도 화나고 힘들고
관계가 너무도 어렵지만 견딜만 하다는 것

당신들에게 꼭 말해주고 싶은 것